Ein Bericht

Ernst Kern

Soldat an der Ostfront 1941-1945

Gewidmet dem Andenken meiner Freunde
Otto Lang
Rudolf Fischer
Sepp Kramer

Anfang 1941 war ich 18 Jahre alt geworden, im März fand das Abitur statt, und wie die meisten meiner Klassenkameraden meldete ich mich freiwillig zum Militärdienst – warum? Einmal, um möglichst dem Arbeitsdienst zu entgehen, der als ganz besonders schikanös verschrien war, zum anderen konnte man, wenn man größer war als 1,75 m, zur Waffen-SS einberufen werden, und das wollte ich nicht: Wenn schon, dann wollte ich Gebirgsjäger sein, hatte ich doch alle Urlaube meiner Jugend in den Bergen verbracht. Die Musterung, die «Fleischbeschau», wie wir das nannten, gab einen Vorgeschmack: Schutzlos und nackt den kalten Augen einer Ärztekommission preisgegeben, gewogen, gemessen, geimpft – so begann die Einreihung in das große anonyme Heer.

Am 22. Juni begann der Krieg gegen Rußland; am 25. Juni erhielt ich meinen Gestellungsbefehl: Ich hatte am 1. Juli 1941 bei der 1./98 in der Gebirgsjägerkaserne Mittenwald einzurücken.

Vom Sommer zum Winter 1941	9
Stellungskrieg am Mius 1941/42	43
Kaukasusfeldzug 1942/43	65
Intermezzo 1943/44	113
Rückzüge 1944	121
Die letzten Kriegsmonate	173
Nachwort	180

Vom Sommer zum Winter 1941

Sonnenglanz lastete auf den Bergen und über dem Tal, in das der Zug gemütlich hineindampfte. Neben mir, auf der Plattform des vordersten Wagens, lehnte ein Gleichaltriger, und nach einigen zufällig gewechselten Sätzen ergab sich, daß vor uns dasselbe Ziel lag: die Jägerkaserne *Mittenwald*. Hinter unseren unbekümmerten Reden und Gegenreden war eine gewisse Bangigkeit nicht ganz zu überhören: Was würde auf uns warten? Das Soldat-Werden, vergleichbar den Mannbarkeitszeremonien der Primitiven, stellt einen vorher schlecht einschätzbaren Schritt im Leben eines jungen Mannes dar. Am Bahnhof in Mittenwald warteten auf dem Bahnsteig zwei Oberjäger auf das halbe Hundert junger Männer, die lärmend dem Zug entstiegen. Sie versuchten gar nicht erst, den wilden Zivilistenhaufen zu ordnen, sondern sie ließen uns grinsend antreten und führten uns in Dreierkolonne und ohne Marschschritt in die Kaserne. Hatte uns diese erst einmal geschluckt, so würde sich alles weitere finden. Wir hielten die dem Bahnhof näherliegende Pionierkaserne für unser Ziel und waren arg enttäuscht, als es immer noch weiterging. Als noch nicht öffentlichkeitsfähige Zivilisten ließ man uns durch das Südtor von hinten in die Jägerkaserne ein, in deren Hof uns der Spieß in Empfang nahm, dann wurden wir rasch in die Zimmer der 1. Kompanie verteilt. Mein Zimmerältester war ein Gefreiter «Prinz Ludwig», erst nach Wochen kamen wir dahinter, daß dies ein bayerischer Prinz aus dem Hause Wittelsbach war, der hier als Rekrutenausbilder diente, an der kühnen Hakennase des hochgewachsenen Mannes hätte man das schon erkennen können. Wir wurden in den nächsten Tagen eingekleidet, die Zivilanzüge wurden nach Hause geschickt. Nach wenigen Tagen wurden wir der Größe nach auf die Zimmer verteilt, wobei ich zu meinem Bedauern von Prinz Ludwig weg ins Nachbarzimmer kam, wo wir alsbald die unbarmherzige Hand des «Herrn Obergefreiten» Josef Messerer zu spüren bekamen. Hatte ihn anfangs noch einer von uns acht, die seiner Stube zugeteilt waren, als «Mackie Messer» apostrophiert, so verging uns das rasch. Wehe dem, der ihn in einer außerdienstlichen Angelegenheit überhaupt anzusprechen wagte! Wehe dem, der eine dienstliche Frage nicht mit lautem Hackenzusammenknallen und der stereotypen Wendung «Bitte Herrn Obergefreiten etwas fragen zu dürfen!» einleitete! Doppelt wehe dem, der seine Aufmerksamkeit aus einem ersichtlichen oder auch ganz unerfindlichen Grund auf sich gezogen hatte! Vom Bodenschrubben bis zum Strafexerzieren reichte die

Skala von Schikanen, die er alle bis zur Perfektion beherrschte und bei denen uns nichts erspart blieb. Was sonst dem Soldaten in zweijähriger Ausbildung zugemutet wurde, hatten wir nun in wenigen Wochen über uns ergehen zu lassen. Nach einer stundenlangen Gefechts- und Geländeübung etwa, bei der der Feldwebel lediglich seine Trillerpfeife betätigte (Einmal: «Hinlegen!», zweimal: «Auf marsch marsch!», dreimal: «Zum Ausgangsort zurück!») und wir verschwitzt, verdreckt und total erschöpft der Kaserne mehr zuwankten als marschierten, erfolgte nun statt einer Ruhepause ein «Budenzauber»: Nachdem die Kompanie in voller Ausrüstung auf den Kasernenhof eingebogen war, hieß es plötzlich: «Weggetreten! In fünf Minuten antreten im Drillichzeug!»

– War das geschafft – und wehe, wenn einer auch nur Sekunden zu spät eintraf –, lautete der Befehl: «Weggetreten! In zwei Minuten im Sportzeug antreten!» und so in einigen Varianten noch drei- bis viermal.

– War dieses Spiel lange genug fortgesetzt, so wurde gebrüllt: «Weggetreten! In zehn Minuten Spindappell!»

– Wir stürzten auf unsere Buden, in denen nun ein unübersehbares Gewirr aller erdenklichen Ausrüstungs- und Bekleidungsgegenstände, das wir in der Eile rasch hingeworfen hatten, angehäuft war, und wiederum wehe dem, der nicht in der vorgeschriebenen Zeit einen peinlich aufgeräumten Spind, tadellos gesäuberte Kleidungsstücke und geputzte Waffen vorweisen konnte!

– Da eine exakte Ausführung derartiger Befehle unmöglich war, hatten unsere Vorgesetzten reichlich Gelegenheit, gegen jeden, der ihnen mißliebig war, weitere Schikanen wie Strafexerzieren, Latrinenreinigen, Ausgangssperren usw. anzuordnen. Daß die wenigen «Aburenten» hierbei eine besonders beliebte Zielscheibe der Berufsunteroffiziere bildeten, verstand sich von selbst. Am unerträglichsten erschien uns allen in diesen ersten Wochen die Wärme der Uniform – wer hätte je im Sommer etwas anderes getragen als kurze Hosen und kurzärmelige Hemden? – und die ungewohnte Kopfbedeckung, unter der man sich schwitzend wie ein Briefträger vorkam. Fielen wir abends todmüde auf die Betten, so sagte unser verhaßter, aber keineswegs dummer Obergefreiter Messerer, der bereits den Polen- und Frankreichfeldzug mitgemacht hatte, immer wieder: «Ihr werdets Euch noch amal wundern, wie guts Euch hier gegangen ist!» Das erschien uns freilich wie purer Hohn.

– Trotzdem – unsere Übungen fanden in der herrlichen, hochsommerlich überglänzten Bergwelt statt, die immer wieder alle Strapazen vergessen ließ, nachts konnte man die müden Glieder in sauber überzogene Betten ausstrecken und morgens weckte mich die Sonne oft schon vor der Trillerpfeife des UvD. Nicht lange, und die Kaserne war uns zu einer Art zweiter Heimat geworden.
– Dazu gab es einige Kameraden, die mir bald näherstanden. Honorat Fischer, wie ich aus Augsburg, Kurt Heßler aus München, der in jeder freien Minute an Entwürfen zeichnete – er wollte Architekt werden –, Fritz Ehrhardt, klein gewachsen und drahtig, der nur vom Forstwesen und Försterberuf schwärmte – man war nicht allein, man war unter Gleichaltrigen und Gleichgesinnten, mit denen man gemeinsam litt, aber auch gemeinsam feierte. «Bergurlaub» wurde leichter gewährt als Urlaub nach Hause, und so machte ich schon am dritten Kasernenwochenende eine Bergtour ins *Karwendel*, wo wir im Notraum des Karwendelhauses bei strömendem Regen übernachteten und ich mir beim Abstieg in der *Bärenalpscharte* eine böse Knieverletzung zuzog, die bei der Untersuchung am Montag im Revier verharmlost wurde, wohl aber doch ein Kniescheibenbruch war. «Der Kern hoppelt wie ein Hase in der Brunstzeit», schrie unser Zugführer, Leutnant Gstrein, beim Geländedienst. Er war ebenso wie unser Kompaniechef Hauptmann Hämmerle, der im Zivilberuf Jurist und Universitätsprofessor in Innsbruck war, ein vorbildlicher Offizier, streng aber gerecht. Im übrigen waren Offiziere Halbgötter hoch über uns: Wir Rekruten litten unter den Zimmerältesten, unter den Oberjägern und Feldwebeln, die uns nach Kräften schikanierten. Infolge persönlicher Beziehungen ging ich bei dem damaligen Kommandeur der Gebirgs-Pioniere Oberst Zimmer ein und aus und durfte dort auch Klavier spielen. Nach Kriegsende wurde der angesehene General Zimmer der allseits beliebte Bürgermeister von Mittenwald.
– Mitte August 1941 erreichte uns ganz unerwartet bereits der Abstellungsbefehl. Die großen Verluste, die die deutschen Armeen in diesen ersten Wochen des Rußlandfeldzuges erlitten hatten, zwangen zur Mobilisierung aller verfügbaren Reserven. Aber das wußten wir nicht. Wehrmachtsberichte und «Führerreden» ließen am baldigen Endsieg nicht zweifeln, und keiner von uns glaubte im Ernst, Weihnachten spätestens nicht wieder zu Hause zu sein. Meine Eltern, die

Klavierspiel in Mittenwald bei Familie Zimmer

General Richard Zimmer

mich nochmals besuchten, wußten es wohl besser, aber sie schwiegen. Ihre Bedrücktheit war mir unverständlich.

– Ein Kamerad, Münchner und Abiturient gleich mir, hatte sich beim Exerzieren einen Knöchel gebrochen und lag im Revier. Am Tag unserer Abstellung kam er herübergehumpelt, er weinte vor Wut. «Als einziger komme ich nun nicht mit Euch hinaus!» und dabei schlug er auf den zerfaserten Holztisch unserer Stube, «und muß mich jetzt mit den nächsten Rekruten weiterschleifen lassen! Bestimmt komme ich nicht mehr rechtzeitig!»

– *Wozu* wir noch «rechtzeitig» kommen sollten, wußten wir nicht so genau. Zum Kriegführen? Um Orden verliehen zu bekommen, wie unsere Vorgesetzten sie trugen? Um vor dem Feind zu fallen? Daß letzteres möglich war, wußte jeder – aber es würde einen doch nicht selbst treffen?

– In einem meiner damaligen Briefe an meine Eltern findet sich der bezeichnende Satz: «... eigentlich ist es ein unverschämtes Glück, daß wir jetzt schon hinaus- und vielleicht sogar noch zum Einsatz kommen!» Dabei war ich alles andere als ein begeisterter Soldat. Aber der Wunsch, das Kasernen- und Rekrutendasein beenden zu können, überwog alles andere, und so freuten wir uns darüber, daß diese Zeit so unerwartet rasch vorübergegangen war.

- Im Lager *Luttensee* wurde ein Marschbataillon zusammengestellt, dessen Kommandeur, Hauptmann Osterer, eine alte Kriegsgurgel aus dem Ersten Weltkrieg, kurze Befehle bellte; im ganzen ähnelte die Situation sehr der in der Kaserne. In der Turbulenz dieser Tage versackte der letzte Rest Individualität. Unendliche Mengen von Ausrüstungsgegenständen aller Art, von Bekleidung und Waffen wurden uns aufgepackt. Vollständigkeits-, Bekleidungs-, Reinigungs-, Waffenappelle wechselten miteinander ab. Beladen mit unzähligen Gegenständen, die sich die Phantasie eines Oberfeldintendanten am grünen Tisch als für den Soldaten unerläßliche Ausrüstung ersonnen hatte, wankten wir durch den heißen Augustnachmittag zum Bahnhof, wo wir in einen Güterzug verladen wurden.
- Unvergeßlicher Geruch von moderndem, staubigem Stroh, der uns hier empfing und der uns in den nächsten Jahren so vertraut werden sollte! Enggepfercht lagen wir in den Wagen, untertags hockten wir zu Klumpen geballt an der Schiebetüre in der Mitte des Waggons, während die Räder monoton ratterten. An uns vorbei glitt *St. Pölten, Stift Melk*, die Silhouette des Stephansdomes und die immer breiter werdende *Donau*. Im grauenden Morgen des nächsten Tages lasen wir «*Mährisch-Ostrau*»: Die Grenze nach Osten war überschritten. *Krakau, Przemysl, Lemberg* waren weitere Stationen, die Namen wurden fremder und fremder. Nur hin und wieder gab es einen kurzen Aufenthalt zum Essenfassen, die Feldküchen standen auf den letzten Wagen im Freien, und es gab jedesmal ein Rennen mit den vorbereiteten Kochgeschirren, ein Geschiebe und Gedränge, denn manchmal hielt der Zug nur kurz, und die letzten hatten das Nachsehen.
- Weiter und weiter wichen die Horizonte zurück. Hie und da sah man einige halbverfallene Bauernkaten, einen Ziehbrunnen, aber nirgends mehr einen Baum, einen Strauch. Ringsum war weites ödes Land ohne Vegetation, ohne Erhebung, ein erstarrter, toter Ozean. Der Osten hatte sich vor uns aufgetan.
- Einmal bei einem längeren Aufenthalt des Zuges gab es «Ausgang». In der Nähe erstreckte sich eine kleine Ortschaft, wir waren nahe der russisch-polnischen Grenze. Einige gewitzte alte Obergefreite, die sich beim Marschbataillon befanden, kamen in erstaunlich kurzer Zeit mit Milch, Eiern und Obst zurück: Sie hatten «organisiert». Wir Neulinge betraten nur zögernd die niederen Lehmhütten, wir rochen den Moderduft in ihnen mit Abscheu und schraken vor der Armseligkeit der in Lumpen gehüllten Einwohner zurück. Überall

drängten sich Scharen von kleinen und größeren Kindern und ihr monotones «Brot! Brot!» verfolgte uns bis zum Zug zurück. Ein alter Marschierer, von dem ich mir Obst gegen Zigaretten eintauschte, grinste mich an. «In ein paar Wochen wird dir so eine Hütte vorkommen wie das Paradies auf Erden! Wirst es sehen!» Ich zuckte die Achseln, noch konnte ich mit einer solchen Prophezeiung nicht viel anfangen. «Ihr werdet euch noch wundern!» schloß er seine Belehrung ab – die gleichen Worte, die unser Obergefreiter Messerer immer gebraucht hatte –, ob doch etwas daran wahr war?

– In später Nachtstunde erreichten wir *Winniza*, das Fahrtziel. Das Ausladen in strömendem Regen, das Marschieren bis zur Unterkunft immer wieder bis über die Knöchel in zähem Schlamm versinkend, dabei beladen mit Gerät und Gepäck, fluchend und schwitzend, das alles bot einen Vorgeschmack des Kommenden.

– Immerhin gab es hier und auch an den folgenden Tagen nach langen Märschen durch die ukrainische Ebene immer wieder ein festes Dach über dem Kopf. Meist kampierte das Marschbataillon in einer alten Scheune oder verlassenen Kaserne.

– Ab und zu zogen wir an einem ausgebrannten, am Straßenrand liegengebliebenen Panzer vorbei. Reste von bespannten Kolonnen und allerlei Gerät lagen umher und Pferdekadaver mit unförmig aufgetriebenen Bäuchen und starr in die Luft stehenden Hufen verpesteten die Luft. Aber noch holten wir den Krieg nicht ein. Ohne Post, ohne Nachrichten, ohne Zeitungen konnten wir uns kein Bild von der Lage machen und zudem waren wir durch die großen Märsche viel zu ermüdet, um uns darum zu bemühen.

– Langsam besserte sich das Wetter. Es folgten warme Herbsttage, in der durchsichtigen Luft wirkte die Weite des Landes noch endloser, der Horizont noch ferner. Mehrere Tage lang folgte unser Marschweg dem *Bug*, einem großen, stillen, sich von der Ebene kaum abhebenden Strom. An seinem Ufer duckten sich immer wieder kleine, halbverfallene Dörfer, in ihrer Farbe sich vom Lehmgrund des Bodens kaum unterscheidend. Kein Grün, kein Baum, nichts unterbrach das herbstliche Ocker der Landschaft.

– In *Dubno* an der russisch-polnischen Grenze lagen wir zwei Tage in Ruhe. Hier lag auch SS, und an einem nahen Panzergraben fanden Erschießungen statt. Man sprach an einem Tag von 800, am nächsten Tag von 1100 Juden. Aus der Ferne sah ich selbst, wie ein SS-Offizier mehrere Männer durch Genickschuß tötete; das war

Marsch in der Ukraine

ganz undramatisch und sah sehr einfach aus. Uns war es streng befohlen, sich von dieser Region fernzuhalten. Unter uns Soldaten wurde darüber wenig gesprochen; es war schwer, dies zu verarbeiten, aber jeder war froh darüber, «damit nichts zu tun zu haben».

– Mit der Besserung des Wetters und dem Aufhören der Schlammperiode begann nun eine andere Plage des Landes uns zu quälen: Schwaden von Staub lagen über jeder Straße und über den marschierenden Kolonnen. Staub sinterte durch die Uniformen, Staub drang in jede Pore der sich mit schweißnassen Krusten bedeckenden Haut, Staub brannte in der Kehle, die nur selten durch einen Trunk aus der Feldflasche gespült werden konnte. Wasser gab es nirgends, weder zum Trinken noch – fern hinter uns liegender Begriff! – zum Waschen. Die Ziehbrunnen der Dörfer waren für uns wegen der Seuchengefahr streng verboten.

– Mehrmals hatte die ganze Kompanie mit entblößtem Oberkörper anzutreten. Ein Sanitäter ging durch und jeder erhielt – die Nadeln wurden nicht gewechselt: warum auch? – in den Pectoralismuskel eine Fleckfieber- oder Typhusimpfung.

– Allmählich vergrößerte sich unser russischer Wortschatz. Am Tagesziel angelangt, ging es sofort auf die Suche nach «moloka» und «jaiza», Milch und Eiern, die auch von den mißtrauischsten

Einwohnern gegen Zigaretten abgegeben wurden. War es darauf zurückzuführen, daß keiner von uns der «ukrainischen Krankheit», dem schweren Brechdurchfall, entging? Zeitweise war das Marschbataillon auf weniger als die Hälfte seines Bestandes dezimiert, und das Marschieren mit schwerem Gepäck, wobei immer wieder einer aus der Kolonne wankte und sich am Straßenrand erbrach oder sich hinhockend kaum noch die Hose herunterbrachte, um wässerigen und blutigen Durchfall zu entleeren, war nicht dazu angetan, die allgemeine Stimmung zu heben.

- Schließlich gewöhnte sich der Körper aber doch an die veränderten Bedingungen, wir wurden zu alten und erfahrenen «Marschierern», ein Ausdruck, den wir in der Kaserne oft gehört hatten, dessen wahre Bedeutung uns aber erst jetzt aufging. Noch waren wir ja jung und unverbraucht.
- Nach zwei Wochen Marsch mit einem Tagesdurchschnitt von 30 bis 40 Kilometern erreichten wir *Nikolajew* am Schwarzen Meer. Hier gab es zwei Tage Ruhe und Gelegenheit, die große Werft zu besichtigen; neben mehreren U-Booten war hier ein 35 000-Tonnen-Kreuzer im Bau, von dessen Oberdeck man weit auf das *Schwarze Meer* hinausblicken konnte. Zum erstenmal in meinem Leben sah ich ein Meer. Es war nicht düster oder gar «schwarz», blausilbern schimmernd dehnte es sich von einem Horizont zum anderen. Die gleiche Landschaft, die gleiche Weite wie die der Steppe bot sich dar, nur war es dort das helle Braun, das am fernen Horizont in das Weißblau des Himmels überging, und hier kontrastierten verschiedene Schattierungen von Blau miteinander, unten das dunkle, das lichtere oben.
- In einem kleinen ukrainischen Dorf jenseits des *Dnjepr* erwarteten uns nach mehreren weiteren harten Marschtagen einige LKW der 4. Gebirgsdivision. Diese bestand aus den Gebirgsjägerregimentern 13 und 91 und ihr taktisches Zeichen war ein gelber Enzian, auf jedem LKW und Wegweiser angebracht. Von *Mittenwald* aus hätte ich eigentlich zur 1. Gebirgsdivision kommen sollen, doch nach solchen Details wurde hier nicht gefragt. Das Marschbataillon hatte sich im Karree aufzustellen und wurde nun an die verschiedenen Gliederungen der Division aufgeteilt. Als erstes hieß es:
- «Wer meldet sich freiwillig zur motorisierten Vorausabteilung?» Diese bestand aus der 12./13. und der 12./91. Es gab heftige Diskussionen in den Reihen. Die alten Marschierer wußten: «Bloß nicht,

Heldenfriedhof an der Straße

das sind immer die ersten am Feind!» Die jungen Marschierer aber: «Motorisiert? Schlecht gefahren ist immer noch besser als gut gelaufen!» Und ehe ich michs versah, war die Zahl der 50 aufzurufenden Freiwilligen voll – und fast alle meine engeren Freunde aus der Rekrutenzeit waren dabei! Meine Sache war das Freiwillig-Melden, das Herausragen noch nie gewesen, und ich war kein «guter Soldat», nicht schneidig, nicht laut, eigentlich nur immer bemüht, nicht aufzufallen. Jetzt aber überwand ich meine Schüchternheit. Ich meldete mich bei dem verteilenden Offizier: «Bitte Herrn Oberleutnant fragen zu dürfen, ob ich nicht noch zur VA kommandiert werden kann? Alle meine Mitrekruten und Freunde sind dort!» Der Offizier musterte mich kurz und scharf und sagte: «Also gut! Meinetwegen!» So kam es, daß zur VA nicht 50, sondern 51 Mann abkommandiert wurden. Ich war der 12./91. zugeteilt. Zufall? Schicksal?

Wir wurden verladen und in rascher Fahrt ging es nach Osten, wo man in der einbrechenden Nacht das Wetterleuchten der Front erkennen konnte. Aber noch hatten wir nicht mehr als eine dumpfe Ahnung dessen, was uns bevorstehen würde.

Die Nacht war sehr dunkel und still. Der LKW war in einem kleinen Dorf zum Stehen gekommen, ohne daß wir mehr erkennen konnten als einige verschwommene Silhouetten von niedrigen Hütten. Dann näherten sich Schritte. Eine heisere, befehlsgewohnte Stimme gebot uns abzusitzen. Es wurde angetreten und wir wurden, ohne daß wir auch nur ein Gesicht hatten erkennen können, in kleine Gruppen aufgeteilt. Der Offizier mit der heiseren Stimme hielt eine kleine Ansprache und stellte sich als unser Kompaniechef, Oberleutnant Ruland, vor.

– Zusammen mit zweien meiner Kameraden wurde ich von einem selbst in der Finsternis höchst aufgeregt wirkenden, überhastet sprechenden Oberjäger weggeführt. Wir betraten eine der ärmlichen Katen und erkannten im Schein einer Petroleumfunzel einige regungslos auf dem Boden schlafende, vermummte Gestalten. Der kleine Oberjäger wies uns an, uns dazuzulegen, früh am Morgen würde es weitergehen. So wickelten wir uns in unsere Decken, aber viel Schlaf fand ich nicht in dieser Nacht. Nun waren wir also bei der Fronttruppe.

– Lange vor Tagesgrauen stolperte ein Melder zur Türe herein, weckte uns brüsk, und schweigsam tappten wir einer hinter dem anderen, mehr tastend als sehend, zu unserem LKW. Als wir losfuhren, war es noch immer stockfinster, wir kannten keinen der neben uns sitzenden Soldaten und ohne Scheinwerfer fuhren die LKW in die Dunkelheit hinein. Erst im morgendlichen Dämmerlicht sah man nun wenigstens die übrigen der Gruppe, die uns Junge zunächst sehr herablassend betrachteten oder überhaupt nicht beachteten. Da war der MG-Schütze I, ein kleiner, drahtiger, rothaariger Bursche, der nicht aussah, als ob er sich vor irgendetwas fürchten könnte, auch nicht vor unserem Gruppenführer, dem ebenfalls kleinen Oberjäger, der uns in der Nacht abgeholt hatte. Dieser war auch noch im Sitzen – auf dem LKW waren drei Bänke angebracht, auf dem hintersten saßen wir «Jungen» – ununterbrochen in Bewegung, er redete unaufhörlich und meistens von sich und seinen Heldentaten. Immer wieder bellte er «Alles herhören», um dann irgendeinen nichtssagenden Befehl oder eine offenkundig unsinnige Ermahnung zu geben, die von den Alten nur mit einem Grinsen in den Mundwinkeln quittiert wurde. In dem frisch gekommenen Nachersatz sah er offensichtlich ein dankbares Publikum, dem er seine Autorität ununterbrochen beweisen konnte.

– Eine der wichtigen Mitteilungen für uns «Neue» war, daß der Regimentskommandeur Oberst v. Stettner von jedem Angehörigen des Regiments 91 verlange, bei jeder Meldung mit *«Mein Oberst»* und keinesfalls mit «Herr Oberst» angesprochen zu werden. Man hörte förmlich das hingebungsvolle *«Mein Führer»* des Reichspropagandaministers Josef Goebbels, das jeder am Radio so oft schon gehört hatte. «Der verdammte Giftzwerg», murmelte der neben mir Sitzende für Oberjäger Roth unhörbar. In der Tat war der kleingewachsene Oberst auch bei seinen Offizieren äußerst gefürchtet und unbeliebt wegen seines napoleonischen Auftretens und seiner Eiseskälte. Ich selbst habe nie direkt mit ihm zu tun gehabt.

- Hin und wieder hielt die LKW-Kolonne, es wurde gesichert und ein Spähtrupp ausgeschickt, aber vorerst kam es zu keiner Feindberührung. Unsere anderen Vorgesetzten, den Zugführer, einen ergrauten, schneidig wirkenden Feldwebel mit zahlreichen Auszeichnungen, und den scharfblickenden, bärenstarken Kompaniechef, dessen Stimme wir von der Nacht her kannten, bekamen wir vorerst nur aus der Ferne zu sehen. Ringsum dehnte sich die Weite der Ukraine, endlose Sonnenblumen- und Maisfelder, hie und da ein paar Hütten, aber nichts deutete in dem herbstlich werdenden Land darauf hin, daß Krieg war.
- Zunächst lernten wir die negativen Seiten des LKW-Fahrens kennen. Von den Straßen, die man in unseren Breiten kaum als Feldwege bezeichnet hätte, stiegen dichte Staubwolken auf, und wir zuhinterst auf dem LKW Sitzenden bekamen derartige Ladungen Staub zu schlucken, daß wir oft glaubten, es nicht aushalten zu können. So war es uns eine willkommene Abwechslung, als wir gegen Mittag auf einen mächtigen, viele Meter tiefen Panzergraben stießen, der in vielstündiger Arbeit erst an einer Stelle aufgefüllt und überbrückt werden mußte, ehe die Fahrt fortgesetzt werden konnte. Nachts wurde eine Igelstellung gebildet und Posten wurden aufgestellt, doch geschah nichts Besonderes. Ob vielleicht doch der Endsieg schon ganz nahe war?
- Am zweiten Tag waren wir schon besser an das Rütteln der LKW, an den Staub und den Durst gewöhnt und begannen zu glauben, daß es mit der oft wiederholten Parole «Besser schlecht gefahren als gut gelaufen» doch wohl seine Richtigkeit haben müsse. Unser LKW holperte einen Feldweg entlang einer Heckenreihe hin, und ich hatte gerade meine Feldflasche geöffnet und an den Mund gesetzt, um ihr vielleicht noch einen letzten Tropfen zu entlocken – da gab es einen ohrenbetäubenden Knall. Ich wurde, ohne den Vorgang zu

begreifen, kopfüber aus dem LKW geschleudert, auf dessen hinterster Planke ich gehockt hatte. Der vordere Teil des LKW war in eine Stichflamme gehüllt, ich hörte lautes Schreien und in meiner Nähe das panische Kreischen unseres Oberjägers: «Volle Deckung!»

- Diese, schon instinktiv im Straßengraben aufgesucht, war indessen unnötig: der LKW war auf eine Panzermine aufgefahren und völlig demoliert. Die Türe des brennenden Führerhäuschens wurde mit Gewalt geöffnet und der Fahrer und unser Feldwebel herausgezogen. Beider Gesichter waren schwarz, die Uniformen verkohlt, doch lebten beide noch. Auch mehrere andere aus unserer Gruppe waren schwerverletzt und mußten abtransportiert werden. Erst nach Stunden konnten wir, notdürftig auf die LKWs der anderen Gruppen verteilt, unsere Fahrt fortsetzen.

- An die Stelle des bisherigen, ebenfalls verwundeten MG-Schützen I rückte Wohlfrom, ein kräftiger und durch nichts zu erschütternder Schwabe, dessen Ruhe auf den Oberjäger herausfordernd wirkte. Dieser Umbesetzung kam für die folgenden Wochen die größte Bedeutung zu. Gegen Abend machten wir an einem Maisfeld halt. Nun gab es keine Quartiere mehr in Häusern; es hieß Löcher zu schanzen, was für uns Nachersatz, darin noch ohne Erfahrung, langsam und mühevoll war. Zum erstenmal stand ich in dieser Nacht Horchposten. Es war herbstlich-feucht, schon etwas neblig, und beklemmend still. Abgesehen von den seltsamen Gefühlen, die bei diesem ersten Postenstehen an der Front nicht ausblieben, plagten mich seit dem Minenunfall fast ununterbrochen schwere Schwindelanfälle. Immer wieder kreiste und schwankte alles um mich, ohne daß mir dabei übel gewesen wäre; manchmal so stark, daß ich mich flach auf die Erde legen mußte. Auch in den folgenden Tagen geschah mir dies mehrmals, was wüste Schimpfreden des Oberjägers herausforderte, aber er war ebenso wie ich selbst machtlos. Erst nach Wochen ließen diese Störungen langsam wieder nach.

Im nächsten Morgengrauen gingen wir durch die weiten Mais- und Sonnenblumenfelder gegen ein Dorf vor, und hier erlebten wir zum erstenmal heftiges Artilleriefeuer. Langsam begann man zu unterscheiden zwischen Geschoß- und Mündungsknall, zwischen Abschuß und dem voraussichtlichen Ort des Einschlags. Wenige Meter von mir entfernt wurde der erste Kamerad aus meinem Nachersatz getötet. Seine weit geöffneten, starren Augen und sein

Sympathiebezeugung einer ukrainischen Frau

verzerrtes Gesicht zeigten ungläubiges Erstaunen. Auch in mir war mehr Verwunderung als Trauer über den Tod des Kameraden, mit dem ich wenige Minuten vorher noch gesprochen hatte. So rasch ging das, und so wenig Aufhebens wurde davon gemacht? Irgendwo stand nun ein kleines Kreuz, rasch gezimmert aus ein paar Planken, in der Steppe, der ukrainische Wind würde darüber hingehen und gewiß konnte nie mehr einer den Blick auf das Grab werfen, der wußte, wer dieser Tote gewesen war.

— Zu schwereren Gefechten kam es in den folgenden Tagen nicht. Mehrfach kamen uns die Bewohner von Dörfern freudestrahlend entgegen und brachten Körbe voll Äpfel und Pflaumen, sogar gebratene Hühner: Sie sahen in uns die Befreier von der doppelt gehaßten Herrschaft der Russen wie des Kommunismus. Ein Jahr später waren wohl alle diese Menschen Partisanen, unter der Besatzungsherrschaft der «Goldfasanen» der Partei. Wir standen mit manchem «Pan» eine Weile zusammen, aber eine echte Verständigung war mangels Russischkenntnissen nicht möglich.

— Die russischen Truppen befanden sich auf raschem, und wie wir später begriffen, planmäßigem Rückzug, und die Artillerie lieferte nur ab und zu Störungsfeuer, um uns am zu raschen Vordringen zu hindern. Dafür entstand uns jetzt – es war Anfang Oktober geworden –

ein nicht zu unterschätzender anderer Gegner: Das Wetter wurde herbstlich schlecht. Ein kalter Wind blies über die kahlen Stoppelfelder und brachte hin und wieder auch schon die ersten Schneeschauer mit. Bei jedem Schritt blieb die nasse, lehmige Erde in riesigen Klumpen an unseren genagelten Stiefeln hängen, der Boden saugte sich förmlich an einem fest. Bald waren wir den Großteil des Tages durchnäßt und der scharfe Ostwind pfiff mühelos durch den Stoff unserer Uniformen, die nicht für dieses Klima gefertigt waren...

- In diesen Tagen kam die nachmals berühmte Rede über den Äther, in der *er* versprach, daß nur noch die letzten versprengten Reste der russischen Armeen gefangen werden müßten, dann sei der Krieg zu Ende. Uns erreichten die Ausläufer dieser Rede, als die gesamte VA zusammengezogen wurde und in einem tristen russischen Dörfchen im Karree antreten mußte. Der Divisionskommandeur General *Eglseer* hielt eine zündende Ansprache, in der er uns die Führerworte wiedergab. Wer hätte es wagen sollen, an solchen Versprechungen unseres höchsten Kriegsherrn, auf den wir vereidigt waren, zu zweifeln?

- In der folgenden Nacht stand ich mit Wohlfrom Posten. Wir hatten noch wenig miteinander gesprochen, überhaupt standen wir Neugekommenen immer noch außerhalb der Gruppengemeinschaft und Wohlfrom war ohnehin ein wortkarger Schwabe. Hier aber ergab sich unser erstes Gespräch, und noch heute höre ich seine bedächtige Stimme: «Schau dir doch einmal die Karte von Rußland an, wie groß das Land ist und wie weit wir bis jetzt vorgekommen sind! Noch nicht einmal so weit wie Napoleon 1812 – kaum als schmalen Streifen siehst du unsere Eroberungen...» «Aber die technischen Mittel sind doch heute ganz anders als damals!», wandte ich ein. Er lachte trocken. «Schon! Dafür sind sie auch viel empfindlicher gegen alle Störungen! Na, wir werden ja selbst erleben, wie's weitergeht.»

- Hätte ein Vorgesetzter unser Gespräch belauscht, wir wären wohl des Defaitismus angeklagt worden. Wichtiger als diese Einsichten war, daß ich in dieser Nacht einen Freund gewonnen hatte, der mir die kleinen Kniffe des Front-Alltags beibrachte und mir auch gegen die Schikanen des Oberjägers beistand. Und das war wichtig, denn nun begannen Strapazen, gegen die alles Bisherige nur ein Vorspiel gewesen war.

Im Morast steckengebliebene Kolonne

Am Abend des 15. Oktober erreichten wir *Elisabethowka*, einen kleinen Ort, dessen flache und strohgedeckte Lehmhütten in einem nach beiden Seiten flach und weit ansteigenden Talgrund lagen. Am Ortsausgang an der Talsohle befand sich eine Brücke, ein kleines Flüßchen schlängelte sich durch die Landschaft, die im ganzen etwas weniger ukrainisch aussah als wir das seither gewöhnt waren. Spähtrupps in das Vorgelände des Ortes hatten nichts Auffälliges ergeben.
  Es war Vollmond, und mit dem Vorrücken der Nacht wurde das Licht des Mondes immer heller und bösartiger. Wir standen Posten und waren alle in einer merkwürdig erregten Stimmung, ohne daß dies zunächst eine sachliche Begründung gehabt hätte. Gegen Morgen begann in einem rechts von uns gelegenen Ort Hundegebell, und allmählich wanderte das Bellen von rechts nach links durch den Halbkreis der hier liegenden Orte. Selbst uns noch Unerfahrenen war klar, daß sich hier die Russen zu einem konzentrischen Angriff auf uns formierten.
  Als der Morgen graute und das Mondlicht sich aufzuhellen begann, klatschten die ersten MG-Salven in den Ortsrand. Unsere kleinen Gräben und notdürftig ausgehobenen Löcher boten nur ungenügende Deckung, und bald waren die ersten von uns verwundet und tot. Bald steigerte sich der Lärm durch Artillerieeinschläge und

Granatwerferfeuer zu einem höllischen Inferno, zu dem das Stöhnen der vielen Verwundeten und das rasch näherkommende *Urräh*-Geschrei der Russen einen düsteren Hintergrund bildete. Ich lag weit vorne an der zerschossenen Brücke am Ortseingang und hatte einen nur zu guten Überblick. Etwa zwei Stunden konnte sich die Kompanie gegen die immer erneuten Angriffe halten, dann schrie unser Chef – keine Minute zu früh – den Befehl zum Rückzug und zum Sammeln am fern hinter der Ortschaft liegenden Waldrand.

– Mit knapper Not entging ich den ersten Handgranaten der Russen, die bereits auf Wurfweite heran waren, und hastete zwischen den Hütten zurück. Jeder rannte um sein Leben. Neben mir laufend, stürzte einer der «Alten» mit einer merkwürdig drehenden Bewegung beim Überspringen einer kleinen Steinmauer auf sein Gesicht und blieb regungslos liegen. Von drei Seiten drangen die Russen in den Ort: die Strohdächer prasselten und flackerten, Querschläger jaulten und Maschinengewehrgarben klatschten durch die Hauswände.

– Der schlimmste Moment kam beim Verlassen des Ortes. Wir waren auf dem nun freien Feld ein unübersehbares Ziel und so schossen die Russen auf uns wie auf Hasen bei einer Treibjagd. Dazu kamen gruppenweise Artillerieeinschläge, immer wieder spritzten in nächster Nähe die Erdfontänen hoch, heulten und brummten die Granatsplitter auf nächster Distanz vorbei. Immer wieder warf man sich blitzschnell zu Boden, wenn ein Einschlag ganz nahe lag. Neben mir wurde jemand durch eine Granate im Laufen buchstäblich in Stücke gerissen, sein Unterarm fiel dicht bei mir zu Boden. Nur einen konnte selbst diese Hölle nicht aus der Fassung bringen: Hanno Wohlfrom. Keuchend rannte ich hinter ihm her. Sein breiter Rücken schien mir Schutz und Rettung zu versprechen. Ich warf mich zu Boden, wenn er in Deckung ging, hastete hinter ihm her, wenn er aufsprang. Völlig ausgepumpt erreichten wir die bergende Waldspitze, ein kleines, zusammengeschmolzenes Häuflein. Und mit einem Schlag verstummte nun auch das Feuer. Wir gingen wieder in Stellung, während in den nächsten Stunden der eine oder andere Verwundete sich noch heranschleppte.

– Im Lauf des Nachmittags erschien endlich die ersehnte Verstärkung. Wir gingen entlang des Waldrandes wieder vor, doch rührte sich diesmal nichts. Im Schutz der einbrechenden Nacht gruben wir uns

Auf dem Vormarsch in der Nogaischen Steppe: Oberst v. Stettner und Major Dr. Schulze

Angriff in der ukrainischen Steppe

am Waldrand neue Stellungen gegenüber der Ortschaft, die jeder von uns im Inneren verfluchte. Um Mitternacht wurde im Wald Verpflegung ausgegeben: Brot, Trockenmarmelade und Tubenkäse.

- Wieder fielen mit Tagesanbruch die ersten Schüsse, und es begann ein schweres Feuergefecht, der Russe lag uns kaum 200 m entfernt gegenüber. Diesmal hatten wir auch deutsche Artillerie zur Unterstützung, die hinter dem Wald aufgefahren war. Nachdem bereits einige Salven dicht über unsere Köpfe in den Ortsrand gegangen waren, ertönten wieder die Abschüsse. Aber noch ehe ich wußte, was vorging, war über mir das harte Krachen berstender und splitternder Äste, das heiße Zischen von Granatsplittern und Querschlägern – die Granaten waren zu kurz und direkt über uns in die Baumwipfel geschlagen. Eine Sekunde lang herrschte Totenstille. Dann erhob sich um mich ein durch Mark und Bein gehendes Jammern und Stöhnen, eine Woge von Ächzen. Wie durch ein Wunder war ich unversehrt, im Umkreis von 50 m waren alle anderen schwer verwundet oder tot.

- In diesen Minuten griff eine andere Kompanie des Bataillons Elisabethowka von der anderen Seite her an, und nach kurzer Zeit war der Russe aus dem Ort geworfen und zahlreiche Gefangene wurden gemacht.

- Wir gingen an die traurige Arbeit, die Verwundeten und Toten zu bergen. Im Loch neben mir lag Honorat Fischer, mit dem zusammen ich Bett und Spind in der Kaserne geteilt hatte. Aus seinem halbgeöffneten Mund zwischen den grauenhaft starrenden Zähnen lief ein dünner schwärzlich roter Blutfaden über den Hals hinab. Neben ihm lag noch ein angebissenes Stück Trockenmarmelade und ein Stück Barras.

- Was waren wir für ein klägliches Häuflein, als wir dann sammelten, die eben erst durch Nachersatz aufgefüllte Kompanie. 40 Tote hatte allein dieser Ort gekostet. Dabei war das Maß unseres Leidens für diesen Tag noch nicht voll. Als wir am Abend den gleichen Waldrand entlang zurückgingen, der schon zweimal unser Schicksal geworden war, sagte plötzlich einer von uns: «Schaut mal hin! Dort hinten schießt die Flak!»

- Tatsächlich stiegen in der Ferne, auf den östlichen, von den Russen noch besetzten Höhenzügen Ketten von Leuchtspurmunition auf und verschwanden am Himmel. Lachend sagte mein Nebenmann: «Da schaut hin! Die Flak bellt den Mond an!»

- Und tatsächlich schossen Ketten von Leuchtspurmunition gegen den Mond, viele, viele Kilometer entfernt. Keiner dachte an die Möglichkeit, daß dieses Schauspiel etwas mit uns zu tun haben könnte. Aber plötzlich war ein seltsames Zischen und Pfeifen in der Luft, und ehe noch einer begriffen hatte, rauschte es heran wie Flügel des Todes. Wie eine Wolke von riesigen stählernen Vögeln brauste es auf uns herab, vor, hinter, mitten unter uns krachten die schweren Einschläge in nicht endenwollender Folge, Splitter heulten, Verwundete schrieen, immer wieder brüllte es herunter wie ein stählerner Orkan, der uns zermalmen wollte. In sinnloser Panik stürzten wir kopflos durch den Wald, in dem es krachte und dröhnte von fallenden Bäumen, von Querschlägern, die Nerven hielten nicht mehr stand. Die «Stalinorgel» mit ihren auf Fahrzeugen montierten vielrohrigen Geschützen hatte uns zum erstenmal aufgespielt...
- In den nächsten Tagen betraten wir das Gebiet des *Donezbeckens* und sahen zum erstenmal riesige Pyramiden von Kohlehalden – wie schwarze, versteinerte Ozeanschiffe. Zwischen den Kohlehaufen drängten sich die ärmlichen Hütten der Arbeiter. *Stalino* wurde nach schweren Straßenkämpfen genommen, verglichen mit den Erlebnissen in Elisabethowka waren sie nicht aufregend. Es ist erstaunlich, wie rasch der Mensch auch gegen Gefahren abstumpft. Zu dieser Abstumpfung trug freilich auch die Behandlung bei, die Oberjäger Roth uns angedeihen ließ. Sichtlich behagte es ihm, daß auch «Aburenten» vor ihm stillstehen mußten, und er machte davon mehr als reichlich Gebrauch. Soldatisches Gehabe bedeutete ihm alles, weil er nichts anderes kannte und wußte. War einmal eine kurze Ruhepause, und war jeder zum Umfallen erschöpft, so war der Menschenschinder auch schon da: «Alles herhören!» Und dann ging es los, mit Waffen- und Kleiderreinigen, mit Abzählen, als ob er nicht gewußt hätte, wieviele wir waren! – mit Appellen aller Art, wie in der Kaserne seligen Angedenkens. Und das angesichts einer Situation, in der man nicht wußte, ob man in der nächsten Viertelstunde noch leben würde.
- Noch etwas gab es, was uns buchstäblich bis aufs Blut quälte – die Läuse. In den ersten Tagen bei der Kompanie hatten wir nicht recht gewußt, was eigentlich die «Alten» taten, wenn sie in den kärglichen Ruhepausen Uniform und Unterwäsche auszogen und sorgfältig absuchten. Bald fanden auch wir dazu allen Grund. Besonders lästig war es, daß diese «Haustiere» sich in der Kälte, solange man sich

im Freien aufhielt, verhältnismäßig ruhig hielten, daß aber, sobald man in die Wärme trat, ein unerträgliches Krabbeln und Jucken am ganzen Körper einsetzte, das einen zur Verzweiflung treiben konnte, ein Gefühl, das uns nun für Jahre nicht verlassen sollte.

- Am 31. Oktober 1941 erreichten wir nach anstrengenden Märschen und Gefechten den *Mius*, einen sich in weiten Talwindungen hinschlängelnden Fluß. In dieser Gegend begann sich der Widerstand der Russen zu versteifen. Das Kohlenrevier lag hinter uns, hier gab es in der weiten Einöde nur Kolchosen mit riesigen Strohhaufen, die uns wie den Russen Deckung boten.

- An der Unsicherheit der taktischen Bewegungen – wir zogen immer wieder auf den Hügeln hin und her – war zu merken, daß sich an der großen Lage etwas geändert hatte. Dabei wurde die Jahreszeit immer trostloser. Ein niedrighängender, bleierner Nebelhimmel drückte über den endlosen flachen Hügelketten, auf denen knietiefes, bräunliches Artemisiagestrüpp wucherte. Abgesehen von vereinzelten Gewehrschüssen durchbrach kein Laut die weite Stille und Öde, höchstens flatterte einmal eine verirrte Elster aus dem Gestrüpp auf. Der Wind aus dem Osten wurde schärfer und schneidender, immer häufiger mischten sich Schneeschauer in den Regen, den er mitbrachte. Und wir hatten keinerlei Winterbekleidung! Unvorstellbar, daß wir uns noch vor wenigen Tagen nackt ausziehen, waschen und lausen konnten.

- Noch waren wir so naiv zu glauben, daß, wenn die Division keine Winterbekleidung bekäme, sie eben zu Beginn des Winters aus Rußland herausgezogen würde. Unglaubliche Parolen gingen unter uns um, aber daß wir Weihnachten zu Hause sein würden, glaubte wirklich *jeder*. Hätte einer daran Zweifel geäußert, so wäre er wohl erschlagen worden. Ich selbst war nun bald ein Vierteljahr ohne jede Nachricht, ich wußte also auch nicht, ob meine Briefe in der Heimat ankamen. Wenn ich nie im Leben Neid gefühlt hätte, hier empfand ich ihn, wenn die Alten der Kompanie immer wieder zum Postempfang gerufen wurden und ich jedesmal leer ausging.

- Wieder einmal näherte sich unsere Gruppe, weit auseinandergezogen, einem Kolchos mit großen Strohhaufen, als ein russisches MG zu rattern begann. Wir arbeiteten uns gegen die Strohhaufen vor, und es kam zu einer heftigen Schießerei. Plötzlich hörten wir in unserem Rücken lautes Gekreische: «Feuerschutz! Ich arbeite mich zurück!», und im Umdrehen sah man unseren Oberjäger wie

Rohrkrepierer einer russischen «Ratsch-Bumm»

ein Wiesel zurückrennen, bis zum nächsten Hügel, hinter dem er verschwand. Niemand hätte seinen kleinen krummen Beinen eine solche Geschwindigkeit zugetraut. Es war das einzigemal, daß ich unseren biederen und phlegmatischen Schratt, Holzknecht aus dem Allgäu, Obergefreiter und stellvertretender Gruppenführer, erregt sah. Wären die Russen nicht gewesen, so hätte er das Maschinengewehr umgedreht und Roth nachgeschossen. An sich war es eine richtige taktische Maßnahme, daß sich einer unter dem Feuerschutz der anderen zurückarbeiten und diesen dann seinerseits Feuerschutz geben sollte, aber ihr Sinn war ja kaum, daß sich der Führer der Gruppe als erster und einziger retirieren sollte. Nun, das EK I hatte er schon – er war ja Berufssoldat! –, da erschien ihm sein Leben wohl kostbarer als das unsere.

In diesen Tagen hörte es auf zu regnen, und unvermittelt setzte der Frost ein. Über Nacht gerann der tiefe, zähe Schlamm, die Wasserlachen bedeckten sich mit dickem splitterndem Eis, ohne daß Schnee fiel. Das Laufen war plötzlich wieder leicht geworden, aber die Kälte ging durch unsere Sommerbekleidung durch Mark und Bein. Viel mehr als bisher hatten wir bei diesen Witterungsbedingungen auch unter dem Artillerie- und Granatwerferfeuer zu leiden: waren vorher viele Geschosse im zähen und tiefen Schlamm als

Blindgänger steckengeblieben oder hatten aus dem tiefen Morast mit ihren Splittern nur wenig Unheil anrichten können, so krepierten sie jetzt mit klirrendem Dröhnen auf dem steinharten Boden, ihren Splitterhagel von sich gebend.

- Es war der 10. November, als wir in das langgestreckte Dorf *Nishnij Naholtschik*, am gleichnamigen Flüßchen, einem Nebenfluß des *Mius* gelegen, einrückten. Erst als wir mitten im Ort waren, zeigte es sich, daß dieser voller Russen steckte, die friedlich in den Häusern schliefen oder Karten spielten. Es gab ein unbeschreibliches Durcheinander, und unser Glück war nur, daß der russischen Truppe offenbar ein entschlossener Kommissar fehlte – andernfalls wären wir verloren gewesen. So gelang es uns, uns ohne Verluste bis zum diesseitigen Ortsrand zurückzuziehen und uns dort festzusetzen. Dies war der Auftakt für eine Kette schwerster Gefechte, die jedem von uns den Namen dieses Ortes unvergeßlich machten.

- Die Kälte war so schneidend, daß wir trotz der ungeklärten Feindlage aus reinem Selbsterhaltungstrieb am Abend ein Haus bezogen: Der ganze Zug schlief im Haus, während ein Doppelposten um das Haus patrouillierte. Gegen 4 Uhr morgens weckte mich ein rauher Rippenstoß von Hans Wohlfrom: Ich sah ihn, das Gewehr in der Hand, lauschend im Licht der Petroleumfunzel stehen. Fast im gleichen Moment dröhnten Detonationen um das Haus auf, der Boden schwankte unter uns, und dicht vor dem Haus ertönten brüllende *Urräh*-Rufe. Unbemerkt von unseren Posten hatten sich vom Fluß herauf einige Rotarmisten angeschlichen und warfen uns nun geballte Ladungen ans Haus. Ein wenig angenehmes Gefühl, jeden Moment zu erwarten, daß eine geballte Ladung durch das Fenster hereinflog! Wir standen atemlos und gespannt, aber nun mischte sich in das Geschrei draußen das Kleckern einer Maschinenpistole, und die Rufe entfernten sich – unser im Nebenhaus schlafender Zugführer Baumann, der schneidigste und erfahrenste unserer Feldwebel, war herausgestürzt und hatte durch einen Feuerstoß den Spuk bereinigt. Mehrere tote Russen lagen im Morgengrauen in dem sich zum Fluß hinabziehenden Garten...

- Auch in den nächsten Tagen blieb es unruhig. Spähtrupps gingen hin und her, die vielen Flußwindungen und unübersichtlichen, durch die Balkas verstreuten Häuseransammlungen boten zahlreiche Verstecke, und mehr als einmal kam es zu erbitterten Nahkämpfen.

Feldwebel Otto Baumann *Obj. Rudolf Fischer*

Östlich der Ortschaft stand auf den Höhen beherrschend ein Trigonometer. Er wurde besetzt und ein vorgeschobener Artilleriebeobachter ließ sich dort nieder, dem unsere Gruppe Infanterieschutz zu geben hatte. Unterhalb des Trigonometers befanden sich noch einige Lehmhütten, in denen auch die Bewohner noch verblieben waren; hier suchten wir bei der schlimmsten Nachtkälte Schutz, soweit wir nicht Posten zu stehen hatten. Im Morgengrauen des nächsten Tages begann ein konzentrischer Angriff der Russen auf diesen trigonometrischen Punkt, den wir bald unter Zurücklassung mehrerer Toter räumen mußten, wollten wir nicht in Gefangenschaft kommen. Doch kaum waren wir hinter der nächsten Höhe notdürftig in Deckung und Stellung gegangen, da erschien auf einem Krad ein Offizier des Divisionsstabes und überbrachte den strikten Befehl, den Trigonometer auf der Stelle wieder zu nehmen, koste es, was es wolle. Vermutlich war eine voreilige Siegesmeldung zurückgegeben worden ... Wir erhielten Unterstützung durch eine weitere Kompanie und erstürmten nun unsererseits mit Hurra den trigonometrischen Punkt, unter schweren Verlusten freilich. In den Hütten unterhalb erwischten wir noch eine Reihe Russen, die hier gemütlich aßen, sie gaben sich gefangen und wurden abgeführt. Wer beschreibt aber unser Erstaunen, als nach deren Weggang die dicke

Russin, die wir schon von den Vortagen kannten, mit allen Zeichen der Aufregung zu uns kam, immer wieder ihr «Idi sjuda! Idi sjuda» – komm her – ausstoßend.

– Wir gingen also mit, und was fanden wir in dem kleinen, nur vom Haus her zugänglichen Hühnerstall? Unseren vermißten Gruppenkamerad *Jackl Held*, der da im hintersten Winkel vermummt kauerte und kaum glauben konnte, daß wir und nicht die Russen ihn hier befreiten. Er hatte in bleiernem Schlaf unseren überstürzten Rückzug nicht bemerkt und die Panjenka hatte ihn in den Hühnerstall gesteckt, wohl weniger aus Deutschenliebe, sondern um sich Unannehmlichkeiten von ihren Landsleuten zu ersparen...

– Nun lagen wir also wieder auf dem Trigonometer, frei wie auf einem Präsentierteller in der Landschaft. Bald hörten wir die ersten pfeifenden Artillerieabschüsse, der Trigonometer wurde unter Feuer genommen, ein Beweis, daß die Russen nun auch Artillerie herangezogen hatten, was in den letzten Tagen noch nicht der Fall war. Ich lag zuoberst in einem kleinen Deckungsloch, und nach kurzer Zeit krepierte eine schwere Granate unmittelbar vor mir, doch eben noch auf der Gegenseite der Kuppe. Luftdruck und Stichflamme nahmen mir fast den Atem, aber die Splitter zischten dicht über mich hinweg, ohne mich zu verletzen.

– «Jetzt ist der Kern hin!», hörte ich hinter mir rufen, kaum einen Meter war der Einschlag ja von mir entfernt gewesen. Noch war dem aber nicht so.

– Gegen Abend war der Russe am Fuß der Höhen soweit in unsere Flanken vorgedrungen, daß ein weiteres Halten des trigonometrischen Punktes ausgeschlossen erschien. In diesen Minuten erhielt Kurt Heßler, einer meiner Freunde aus der Rekrutenzeit, einen schweren Bauchschuß. Das verzweifelte Stöhnen des Freundes, der sich am Boden krümmte, das trostlose Nicht-helfen-Können, sein Betteln um einen Gnadenschuß, wußte er doch genau, wie es um ihn stand, zumal die eisige Kälte sofort würgend nach jedem Verwundeten griff, dazu die Gewißheit, den Ort in wenigen Minuten unwiderruflich räumen zu müssen, sollte man nicht selbst das gleiche Schicksal erleiden – selten wurde mir die eigene Ohnmacht und Nichtigkeit, aber auch die Sinnlosigkeit dieses Geschehens so unerbittlich vor Augen geführt. Über dem qualvollen, bitteren Sterben des Freundes stand der wie ein Kreuz in den Abendhimmel und in die tote Landschaft, die nur von den Einschlägen der schweren Granaten noch erhellt wurde, ragende Trigonometer wie ein Symbol. In letzter Minute räumten wir unter dem russischen Ansturm die Höhe. Alle Toten und Verwundeten mußten zurückgelassen werden. Auf der nächsten Hügelkette wurde erneut Stellung bezogen.

Infolge des Frostes machte es große Schwierigkeiten, in den hartgefrorenen Boden Löcher zu hacken, auch war bei den mehrmaligen überstürzten Rückzügen viel Gerät verlorengegangen. Dabei hing aber das nackte Leben davon ab, daß man bis Tagesanbruch ein kleines Deckungsloch ausgehoben hatte, in dem der Körper wenigstens notdürftig Schutz suchen konnte: Die russischen Scharfschützen trafen mit ihren Zielfernrohrgewehren auf die größte Distanz mit unerbittlicher Genauigkeit. Die Kameraden links und rechts im Loch neben mir fielen durch Kopfschüsse, und ein Stahlhelm, auf den Rand des Deckungsloches gelegt, war sofort von Löchern zersiebt. Der Himmel war grau in grau, nur manchmal erschien die Sonne wie eine gespenstische grünliche Kugel, wie eine bittere Frucht, an der nebligen Bleiplatte des Himmels. Und wie langsam vergehen die Stunden, wenn die eisige Kälte der dünnen Bekleidung spottet, wenn längst die letzte Eiserne Ration verzehrt ist und sich vor Abend jede Änderung der Lage, und sei es nur ein Aufrichten des Körpers, verbietet, weil sie den sicheren Tod bedeutet... Mutterseelenallein, todeinsam in eine fremde Erde gepreßt, die nur Kälte ausstrahlte, kaum noch eines Gedankens fähig – so lagen wir in unseren engen Mulden. Das war der Krieg.

In der Nacht wurde ich als Horchposten weit unterhalb der Hügelkette, etwa einen halben Kilometer vor den ersten Schützenlöchern, aufgestellt. Es war mir gewiß, daß ich diesen Tag nicht überstehen würde. Ich lag in einem kleinen, notdürftig getarnten Loch am Grund der Talsohle, den verfluchten Trigonometer genau vor mir im Blickfeld. Gegen Mittag, es war zunächst ziemlich ruhig geblieben, steigerte sich das gegnerische Feuer über meinen Kopf hinweg plötzlich krisenartig, und schon sah ich auch die ersten braunen Wellen vom nächsten Hügel herunterschwärmen – ein erneuter Sturmangriff! Hinter mir hörte ich lautes Rufen, und ich sah eben noch, wie die letzten der Kameraden ihre Löcher fluchtartig räumten, überall pfiffen die Geschosse und klatschten die Maschinengewehrgarben. Wollte ich nicht in Gefangenschaft kommen, mußte ich sofort flüchten. Und mir ging durch den Sinn, was die Russen mit den letzten Gefangenen getan hatten: Nackt in die Kälte gestellt, mit Wasser übergossen und mit erhobenen Armen solange stehengelassen, bis sie erfroren waren ... Nur das Gewehr in der Hand, alles andere zurücklassend, rannte ich um mein Leben – und dabei ging es bergauf! Wie eine Zielscheibe hatten mich die russischen Schützen vor sich, und obwohl ich im Zickzack lief, war es ein wahrhaftiges Wunder, daß ich unversehrt hinter der Hügelkuppe untertauchen konnte – völlig atemlos und nicht mehr ich selbst. Und schon griff wieder die Kälte nach mir, wie ich da auf dem Boden lag, ausgepumpt und zu Tode erschöpft. Auch diesmal blieben alle Toten zurück, und es waren nicht wenige. Und wieder setzten wir uns auf der nächsten Hügelkette fest...

– Im Laufe der Nacht, wir hatten bereits drei Tage kein warmes Essen mehr bekommen, und das bei einer Außentemperatur von –20 bis –25°C!, fuhr die Feldküche bis etwa 3 km an die HKL heran. Für dieses Heldenstück – es soll angeblich sogar eine Granate nahe der Feldküche krepiert sein – bekam unser Hauptfeldwebel, der die Aktion persönlich leitete, dann auch prompt das EK I ... Von jeder Gruppe wurde ein Essensholer eingeteilt, der alle Kochgeschirre der Gruppe mitnahm, es traf mich. Als wir zurückkehrten, war das aus der Feldküche kochend ausgeschöpfte Essen und der kochend in die Feldflaschen gefüllte Tee zu Eisblöcken gefroren. Die Klötze aus den Kochgeschirren mußten mit dem Seitengewehr zertrümmert und stückchenweise gelutscht werden, die Feldflaschen mußten durch die Körperwärme soweit aufgetaut werden, daß der Tee wieder flüssig wurde.

– Wir waren alle am Ende unserer Widerstandskraft, als wir am Abend des 22. November durch eine andere Kompanie abgelöst wurden. Unser kleines Häuflein wankte in das nächste Dorf, *Dimitrewka*. Lehmhütten, die Schutz gegen die eisige Kälte boten und gegen den schneidenden Wind, ein Feuer im Herd – was waren das für unbegreifliche Köstlichkeiten! Mit dem beim Vormarsch so ergiebigen «Organisieren» war das hier freilich nichts mehr: Die wenigen alten Frauen und Kinder, die hier noch zurückgeblieben waren, schienen selbst völlig ausgehungert und ihr jammerndes «njam saprale» – nichts zu essen – war bald auch bei uns zur stehenden Redensart geworden. Überdies hatten wir jetzt auch keine Zigaretten mehr zum Tausch: Im Gegensatz zum Vormarsch wurden nur noch ganz selten welche ausgegeben, und selbst die hartnäckigsten

Nichtraucher wie ich hatten inzwischen mit dem Rauchen begonnen, als dem letzten noch verbliebenen Mittel gegen Hunger und Kälte...
- Wortlos lagen wir vier Übriggebliebenen unserer Gruppe am Ofen, da fing plötzlich einer zu jammern an: «Meine Füße! Meine Füße!»
- Ludwig Schratt, der einzige, der sich noch regen konnte, erhob sich und schnitt mit dem Seitengewehr Hosen und Stiefel des Kameraden auf. Zum erstenmal im Leben sah ich blauschwarz erfrorene Gliedmaßen. Schratt, der Vielerfahrene, bemühte sich durch Reiben und Kneten, den Blutumlauf wieder in Gang zu setzen, jedoch war es zu spät. Der Kamerad wurde abtransportiert, ich hörte später, daß ihm beide Unterschenkel amputiert werden mußten. Auch mich schmerzten in der Wärme die Füße und auch die Hände fast unerträglich, doch waren meine Glieder wenigstens noch rot. Auch die Läuse begannen wieder ihr Teufelswerk, unsere Hoffnung, sie seien in der entsetzlichen Kälte erfroren, bewahrheitete sich nicht. Ganz im Gegenteil: Nie vorher und nachher während des Krieges wurden solche, in die Hunderte gehende «Abschußziffern» erzielt wie in diesen Tagen, und das Knacken der Tiere zwischen den Daumennägeln war uns ein so vertrautes Geräusch wie das monotone Spucken der Sonnenblumenkernschalen der alten und jungen Russen von der Höhe des Lehmofens.
- Tags darauf, und schon deshalb wird mir der Name *Dimitrewka* in Erinnerung bleiben, erhielt ich die erste Post!! Ein Vierteljahr hatte ich keinerlei Nachricht von zu Hause, von Eltern und Freunden gehabt. Wer außer dem Frontsoldaten kennt den Wert eines kleinen Stückchens Papier? Wie ein Talisman knistert es in der Rocktasche, immer wieder zieht man es hervor und liest die Worte im Gedenken an die ferne, ferne Heimat...
- Lange dauerte die Ruhe nicht. Schon am 24. November mußten wir wieder hinaus auf die verfluchten, eisigen Höhen, hinaus in den schneidenden Oststurm, der nach den Tagen der Ruhe und Wärme doppelt schmerzte. Wir hatten diesmal eine Stellung zu übernehmen, die vorher ein ganzes Bataillon gehalten hatte – zu fünft saßen wir in einem Abschnitt von einem halben Kilometer Ausdehnung, der 28 für unsere Begriffe von einer Pioniereinheit fürstlich ausgebaute Bunker aufwies. Jeder von uns hätte also 5 Bunker bewohnen können... Ich war zu meiner großen Erleichterung von der Gruppe Roth wegversetzt worden; meine neue Gruppe

wurde von einem Offiziersanwärter-Gefreiten geführt, einem mürrischen, aber sehr tapferen Mann, mit dem weit besser auszukommen war als mit dem sturen Nur-Soldaten Roth. Wir beschlossen, lieber zusammenzubleiben, und besetzten in der Mitte der Stellung einen Bunker, wobei immer zwei von uns umschichtig Posten standen.

– Am Nachmittag begann sich das russische Feuer auf unseren Abschnitt zu konzentrieren, und uns schwante nichts Gutes. Pausenloses Einschlagen von Granaten, Feuer aus zahlreichen Maschinengewehren – und dann tauchten plötzlich über dem nächsten Hügel braune Menschenkolonnen auf. Das gellende *Urräh*-Geschrei ging einem durch Mark und Bein. Diesmal war an Flucht nicht zu denken – wohin hätten wir fliehen sollen? Die angreifende Einheit war auf mindestens ein Regiment zu schätzen. Unser Gruppenführer war sehr blaß, als er befahl, vorerst nicht zu schießen. Noch hatten uns die Russen nicht ausgemacht, das feindliche Feuer schwieg jetzt, sie kamen rasch näher. Wir warteten, bis die erste Welle auf weniger als 100 Meter heran war. Dann ratterten auf Kommando unsere beiden MGs, die den Raum vor uns halbkreisförmig bestreichen konnten, und wir drei anderen konzentrierten uns mit unseren Gewehren auf die Offiziere und Kommissare, kenntlich an den Sternen auf den Mützen. Das Unwahrscheinliche geschah: Der Angriff kam zum Stocken. Der Tod hielt eine furchtbare Ernte. Unsicher flutete die braune Woge zurück, verschwand wieder hinter dem nächsten Hügel, das fanatische *Urräh* ging in lautes Wimmern, Klagen, Stöhnen über, in einen grauenhaften Chor des Jammers, als der Kampflärm nun schwieg. Wir konnten nicht helfen, niemand konnte es. Der klirrende Frost der hereinbrechenden Nacht brachte in weniger als einer Stunde das Jammern zum Ersterben. Bald war keine Stimme in der grauen Landschaft mehr zu hören, über die der Mond durch die zerrissenen Wolken ständig wechselnde Schatten warf. Nur noch der Oststurm heulte über sie hin.

– Spät in der Nacht wurde es mondhell und wir gingen in das Leichenfeld hinaus. Wir *mußten* zu Handschuhen, zu Pulswärmern und Kopfschützern kommen und zogen sie den russischen Leichen aus. Noch hatten wir ja keine Spur von Winterbekleidung erhalten! Die Totenstille, das Grauen dieses Ortes werde ich nie vergessen. Einigen Offizieren und Kommissaren entfernte ich von ihren Mützen die Sowjetsterne – ich besitze sie heute noch.

– Zu unserem Erstaunen erneuerten die Russen an unserem Abschnitt weder den Angriff noch das Feuer. Wir blieben in den folgenden drei Wochen unbehelligt. Je drei Tage lagen wir auf den Hügeln und einen Tag in Ruhe im Quartier von *Dimitrewka*. Jeder mußte zweistündlich Posten stehen, Tag und Nacht. In der übrigen Zeit ließ einen die Kälte nicht schlafen, obwohl wir zu zweit eng aneinandergedrängt in den Erdbunkern lagen. Neben der Kälte war es ein immer stärker werdender blutiger Durchfall, der uns alle befallen hatte und uns bis zur Erschöpfung schwächte. Ein tiefer Pessimismus begann uns langsam, aber sicher zu lähmen. Man lebte nicht mehr, man vegetierte nur noch ohne rechtes Bewußtsein.

– Die Temperaturen fielen bis 30 Grad unter Null. Wir wußten nicht, daß deutsche Panzer in der Zwischenzeit *Rostow* genommen und wieder verloren hatten, wir merkten nur an der täglich schmaler werdenden Verpflegung, daß wohl der Nachschub weitgehend zum Erliegen gekommen war – und daß die HKL nur von einem schmalen Schützenschleier statt von kriegsstarken Divisionen gehalten wurde, das sahen wir ja mit eigenen Augen. Aber jedes Warum erstarb vor der mörderischen Erschöpfung, die Leib und Seele erstarren ließ. Saß man den Ruhetag in Dimitrewka, so streckte man sich den ganzen Tag stumpf vor dem prasselnden Kaminfeuer, die Gliedmaßen schmerzten, die Läuse plagten einen, daß man hätte weinen mögen, und in den Eingeweiden fraß der Hunger und die ukrainische Krankheit. Das einzige, was sich noch in den Häusern zu essen fand, waren Sonnenblumenkerne, die uns schließlich vor dem Hungertod bewahrten. Sonnenblumenkerne kauend wie die Russen, die in eintönigem Rhythmus die Schalen ausspuckten und den Winter hinter dem Ofen verdämmerten, soweit hatten wir es nun gebracht – herrlich weit, wir prädestinierten Eroberer der Welt...

– Kaum je in meinem Leben mußte ich eine so große Willenskraft aufwenden wie an diesem Dezembertag, als wir zum letztenmal von Dimitrewka in die Kälte hinaus aufbrachen. Nur humpelnd, wegen der schmerzenden, aber bald wieder unempfindlichen Füße, Sterne und feurige Kreise der Erschöpfung vor den Augen, so wankten wir in die altbekannte Stellung hinauf. Der Oststurm war so schneidend, daß einem beim ersten Heraustreten aus der Hütte die Augen tränten und die Tropfen an den Wimpern gefroren. In den folgenden Tagen war von Posten «stehen» nicht mehr die Rede.

Der Oststurm verbot das ebenso wie die Treffsicherheit der russischen Scharfschützen, die das geringste Auftauchen eines Kopfes mit einem gezielten Schuß quittierten. Sie kannten Gelände und Klima ... Mit Rudolf Fischer, einem Sudetendeutschen aus unserem Nachersatz, teilte ich diese letzten drei Tage das Erdloch. Wir lagen eng aneinandergepreßt, noch die geringste Wärme des anderen Körpers ausnützend, und sprachen nur noch manchmal leise von der fernen Heimat. Die wenigen Stückchen Trockenbrot, unsere einzige Verpflegung, gelangten hart gefroren in unsere Hände und mußten erst am nackten Körper aufgetaut werden, um genießbar zu werden, und selbst dann brachte das Hinunterschlingen mehr Widerwillen als Stillung des Hungers. Immer mehr quälte uns auch der Durchfall. Schließlich waren auch diese drei Tage und Nächte zu Ende, wir lösten uns vom Feind. In Dimitrewka, o Wunder, warteten einige alte LKW auf uns; wir waren noch 9 Mann – von einer normalerweise 100 Mann starken Kompanie –, ein Feldwebel und ein Offizier, die da von den Bergen herabhumpelten, wir hatten gut Platz auf einem LKW. In der Nacht hatte es zu schneien begonnen, und durch dichtes Schneegestöber bahnten sich die LKW den Weg und erreichten nach einigen Stunden in *Nowi-Donbas* unseren Troß, den wir seit vielen Wochen nicht mehr zu Gesicht bekommen hatten. Wir waren, nachdem nun der Stellungskrieg unwiderruflich begonnen hatte, als Vorausabteilung aufgelöst und kehrten wieder in den Verband des Bataillons zurück.

Stellungskrieg am Mius 1941/42

Quartiere in Häusern, warme Verpflegung, Ruhe – wie im Himmel kamen wir uns vor in *Nowi-Donbas*. Was wollten wir mehr. Auch Post wartete auf uns: Glückliche Tage! Doch ist im Leben, und ganz besonders im Leben des Frontsoldaten, dafür gesorgt, daß die Bäume nicht in den Himmel wachsen.

– Bereits am zweiten Tag begann der Dienst, und wir «Jungen» – wenngleich schon ein Vierteljahr dabei, waren wir immer noch der letztgekommene Nachersatz und somit «Junge» – wurden in erster Linie zu allen unbequemen Arbeiten eingeteilt und herangezogen. So war unsere erste Tätigkeit, als Übungsmannschaft für einen Offiziersbewerber-Auslesekurs zu fungieren, und das den ganzen Tag über im Freien bei einer Temperatur von −35 °C. Der Atem gefror einem vor dem Mund, noch lag die Erschöpfung der letzten Wochen bleischwer in den Gliedern, die von den Erfrierungen schmerzten – und nun hatte man als Übungsvieh zu dienen für Gleichaltrige, die sich so schneidig wie nur möglich benahmen und deren letzte Sorge es war, uns zu schonen: Lag für sie doch in dieser Geländeübung die Möglichkeit der Abstellung zur Kriegsschule und damit heimzukommen ins Reich! Ich glaube, daß ich an diesem Tag geheult habe vor Wut über diese Schikane.

– Am darauffolgenden Tag war ich mit einem Kommando wieder den ganzen Tag unterwegs, um Stroh für unsere Mulis zu organisieren, was uns an einem einsamen und tief verschneiten Kolchos schließlich auch gelang, wieder am nächsten Tag waren Balken und Bretter aufzutreiben, um für die Mulis Unterkünfte zu bauen, und so ging es fort, bis schließlich nach einer Woche regelmäßiger Dienst für die Kompanie begann: Schießen, Exerzieren, Appelle aller Art, denn es «waren ja 6 Tage völlige Ruhe gewesen!»

– Eine der ersten Veranstaltungen war eine Ordensverleihung, in deren Mittelpunkt die Verleihung des Eisernen Kreuzes erster Klasse an unseren Hauptfeldwebel stand; auch einige andere von der Kompanie wurden ausgezeichnet, doch keiner von uns Jungen, da wir ja noch viel zu kurz dabei waren. Immerhin war es eine Auszeichnung, daß ich «schon» (ich war noch immer 18 Jahre!) zum Gefreiten befördert wurde, zum gleichen Dienstgrad, den mein oberster Kriegsherr im Ersten Weltkrieg erreicht hatte (ein Bruder meines Vaters war Hitlers Kompanieführer gewesen – er fiel). Nun, langsam war uns bereits klar, was von Ordensverleihungen aller Grade und von Beförderungen zu halten war. Auch Oberjäger Roth war jetzt wieder zur Kompanie gestoßen, er hatte sich in den letzten Wochen, solange wir in *Dimitrewka* gewesen waren, wegen erfrorener Füße beim Troß aufgehalten, wo er als Berufssoldat unter dem besonderen Schutz des allmächtigen Hauptfeldwebels stand. Nun stürzte er sich mit frischen Kräften auf uns ausgepumpte und ausgemergelte «Waschlappen». Was Kälte und bohrender Hunger, was Eissturm, russisches massiertes Feuer und das feindliche *«Urräh»* nicht zuwege gebracht hatten, war dem Oberjäger Roth ein Leichtes: Binnen zwei Tagen war ich soweit, daß ich mich krankmelden mußte. Trotz oder vielleicht gerade infolge der wieder reichlicher und regelmäßiger gewordenen warmen Verpflegung nahmen Durchfall und Magenbeschwerden jetzt ein nicht gekanntes Ausmaß an. Unter höhnischen Kommentaren des Oberjägers meldete ich mich also zum Arzt.

- Nun stand ich wieder in dem armen Häuflein Kranker, in der Reihe, die vor dem Arzt vorbeidefilieren mußten – zum erstenmal seit der Musterung. Hinter dem improvisierten Schreibtisch thronte der Truppenarzt, ein junger, feister, wenig sympathischer Vertreter seines Faches. Er hörte sich meine Beschwerden kurz an, eine Untersuchung wurde nicht für nötig erachtet, und dann schnauzte er mich an: «Wenn Sie nichts mehr essen können, so fasten Sie eben, bis Sie wieder Appetit bekommen! Kohletabletten! Außendienstfähig! Der Nächste!»
- Später, erfahrener, hätte ich ihm wohl erzählt, daß mein Urin braun und mein Kot lehmfarben sei. Aber was wußte ich damals, was das bedeutete?
- Also schluckte ich Kohletabletten, was den einzigen Effekt zeitigte, daß mein weißlich-lehmiger Durchfall sich nun schwarz färbte, und war im übrigen wieder der Gnade, meist aber Ungnade des Schinders Roth ausgeliefert. Das Schlimmste nahmen mir meine Kameraden ab, die meine miserable Verfassung sehr wohl sahen, und diese Kameradschaft und vor allem die Freundschaft mit Hans Wohlfrom, der als einziger auch Roth Widerpart zu leisten wußte, hielt mich aufrecht.
- Von uns allen wurde es als Erlösung empfunden, als wir Weihnachten wieder in die HKL vorgingen. Die Behandlung, die man uns hatte angedeihen lassen, hatte ihren Zweck erfüllt: Wir waren froh, wieder an die Front zu dürfen… Gegen Abend rückten wir von *Nowi-Donbas* ab. Ich mußte meine ganze physische und

psychische Kraft aufbieten, um die drei Stunden Marsch mit voller Ausrüstung, stellenweise durch tiefe Schneewehen und bei bitterster Kälte, durchzustehen. Auf einer der uns schon wohlbekannten Hügelketten fanden wir eine Anzahl Erdbunker vor. Ich fiel wie ein Toter in einen solchen, und meine Kameraden beschlossen, mich freiwillig vom Postenstehen zu verschonen in dieser Nacht, was Oberjäger Roth nur unter Fluchen und Schimpfen auf den «schlappen Aburenten» gestattete. Als der Morgen graute, sahen wir unsere neue Stellung. Sie lag, von einer Pioniereinheit für unsere Begriffe gut ausgebaut, hoch über dem Tal des Mius, den man sich unten in zahllosen Windungen schlängeln sah. Gegenüber auf den Höhen starrten die großen Kohlenhalden von *Krasnij Lutsch* in den Himmel, gut sichtbar in der dünnen Winterluft; über dem ganzen Gelände lag ein Leichentuch von Schnee, aus dem an den Abhängen hie und da einige kahlästige Bäume traurig starrten.

- Ich wurde Kaffeeholen geschickt, ein Muli brachte jeden Morgen die Verpflegung in Kochkisten nach vorne, bis zum Fuß der Anhöhen. Als ich schwerbeladen mit den dampfenden Kochgeschirren zurückkam, sagte einer der Kameraden zu mir: «Mensch, was ist denn mit dir los? Du bist ja gelb wie ein Kanarienvogel!»
- Ich entlieh mir einen Spiegel. Wirklich war ich quittegelb, beinahe bräunlich die Haut, die Augäpfel. Diesmal machte nicht einmal Roth Einwendungen, als ich mich zum Arzt meldete. Ich war so erschöpft, daß ich viel lieber in der Stellung geblieben wäre, mir graute vor dem dreistündigen Rückmarsch. Doch was halfs. Ich konnte mich dem Verpflegungsmuli anschließen, und indem ich mich seitlich an den Sattel des jetzt unbelasteten Tragtiers hängte, brauchte ich wenigstens nur die halbe Körperkraft zum Laufen, der brave Schwarze zog mich willig neben sich her. Der Tragtierführer murrte zwar, aber auch er sah wohl meine totale Erschöpfung. So zogen wir drei durch die endlose, weiße Wüste; auf dem kaum sichtbaren Fahrweg hatte der Wind stellenweise graue Schlieren und Streifen blanken Eises freigeweht. Endlich tauchten die Kohlenhaufen von *Nowi-Donbas* vor uns auf.
- Diesmal machte der Arzt nicht viel Worte, eine Untersuchung war diesmal noch weniger nötig als bei der letzten Visite. Ich erhielt meinen Laufzettel und wurde krankgeschrieben. Am Nachmittag brachte mich ein ungeheizter Sanka, in dem wir – noch drei

Gelbsüchtige hatten sich mit mir eingefunden – erbärmlich froren, zum Ortslazarett *Sneshnoje*, das etwa 8 km westlich lag.

– Das Gefühl behaglicher Geborgenheit läßt sich nicht schildern, mit dem ich mich am Abend dieses Tages in dem primitiven ehemaligen Schulsaal auf das am Boden aufgeschüttete Stroh warf. Kein Oststurm, kein Postenstehen, kein Roth – und jetzt erst wurde das Gefühl, daß in wenigen Tagen Weihnachten sein würde, in mir Wirklichkeit. Weihnachten!!

– Zu etwa 30 Mann lagen wir «Gelben» zusammen. Daß die Verpflegung mehr als dürftig war, machte mir wenig aus, da mir dauernd übel war und ich mich ohnehin zu jedem Essen zwingen mußte. Viel bitterer war für mich die Aussicht, daß nun wieder die gesamte Post für mich verlorengehen würde, denn wie sollte sie vom Kompanietroß hierhergelangen? Erfahrungsgemäß wurde die Post von Soldaten, die nicht mehr anwesend waren, an die übrigen verteilt, soweit es sich um Päckchen handelte, die Briefpost wurde postwendend zurückgesandt.

– Diesmal wurde mein Pessimismus indessen weihnachtlich übertrumpft. Am Heiligen Abend kam der Verpflegungsunteroffizier der Kompanie höchstselbst nach *Sneshnoje* herüber – denn hier waren 5 Mann allein von unserer Kompanie – und brachte uns ein ganzes Fahrzeug voll Post mit. Ein Dutzend Päckchen waren für mich! In einem lag sogar ein Adventskranz – keiner von uns hatte seit Überschreiten der russischen Grenze auch nur einen Nadelbaum mehr gesehen! Eine Kerze fand sich auch, alles von den Händen meiner Mutter sorgfältig verpackt, obwohl sie nur geringe Hoffnung haben konnte, daß mich das erreichen würde. So kehrte Weihnachten wirklich bei uns ein...

– Der evangelische Divisionspfarrer, eine eindrucksvolle Erscheinung, hielt am Heiligen Abend die Christvesper. Ich sprach ihn danach an und fragte, ob er vielleicht meinen Vater kenne. Nicht nur das: Er war ein Studienkollege und -freund von ihm gewesen. Diese Bekanntschaft führte dazu, daß ich in den folgenden Wochen bevorzugt mit Lesestoff versorgt wurde, das Rarste vom Raren in Rußland, was auch meinen Kameraden zugute kam. Einer von ihnen, gleich mir Gefreiter, entpuppte sich als Organist und Berufsmusiker, ein anderer als Abiturient aus meiner Heimatstadt, mit vielen gemeinsamen Bekannten. Kein Wunder, daß mir nichts mehr zu meinem Glück fehlte. Ein Dach über dem Kopf, mit gutem

Gewissen vorerst den Schrecken der Front entronnen, umgeben von gleichgesinnten und netten Kameraden, mit denen man ernsthaft sprechen konnte – was wollte ich mehr.
- So vergingen die Tage zwischen Weihnachten und Neujahr angenehm und ruhig. Meine Gelbsucht besserte sich zwar nur langsam, gab es doch außer entsprechender Diät damals keine andere Möglichkeit der Behandlung, und Diät wiederum war das, was zu dieser Zeit am wenigsten erreichbar war. Wir ernährten uns in den folgenden Wochen fast ausschließlich von Wassersuppe mit ungeschroteter Hirse. Die Ärzte waren fürsorglich und freundlich, medizinisch gesehen aber hilflos. Ein neugekommener, etwas dicklicher Feldunterarzt, Dr. Kosch, wurde beim Abtasten meiner geschwollenen Leber genau überwacht und bestand offensichtlich dieses Examen. Später habe ich erfahren, daß er der Verfasser des in vielen Auflagen erschienenen Botanikbuchs *«Was blüht denn da»* war, und noch später, daß er im Irrenhaus verstorben sei.
- Dieser Jahreswechsel 1941/42 brachte eine Kältewelle bisher noch nicht erlebten Ausmaßes, bis –45°C sanken die Temperaturen. Obwohl wir unseren Ofen ununterbrochen bis zur Rotglut heizten, war es schon in drei Meter Entfernung von ihm so bitter kalt, daß einem die Zähne klapperten. So saßen wir tagsüber dichtgedrängt wie ein Bienenschwarm um den bullernden Ofen, durch die blinden Fenster gleißten die Reflexe des hellen Schnees und durch ihre Fugen trieb der Sturm den Eisschnee stäubend herein. Nur mit Schaudern konnte man an die Kameraden der kaum 10 km entfernten Front denken! Und das neue Jahr? Was würde es bringen? Wieviele von uns würden es lebend überstehen? Würden wir 1942 die Heimat wiedersehen?
- Ganz langsam besserte sich mein Gesundheitszustand. Mit dem allmählich zunehmenden Hunger wurde die Verpflegung immer dürftiger: Die Nachschublinien unserer Armee waren in diesen Wochen infolge des russischen Durchbruchs bei *Charkow* abgeschnitten, und so mußten wir uns pro Mann mit $^1/_6$ Barras pro Tag und zweimal einem Teller Suppe aus ungeschroteter Hirse begnügen – nicht gerade eine Rekonvaleszentendiät nach soeben überstandener Gelbsucht. Und mit dem Nachschub blieb auch die Post, und blieben vor allem die ersehnten Päckchen von zu Hause aus.
- Infolge der angespannten Lage an der Front wurden wir alle auch wieder rasch frontfähig geschrieben. 5 Wochen «Lazarett»-

Aufenthalt bei schwerer Hepatitis – einem Arzt sträuben sich wohl heute die Haare, wenn er das liest... Und begreiflicherweise fühlte ich mich noch nicht besonders kräftig, als mich in der zweiten Januarhälfte ein Sanka wieder nach *Nowi-Donbas* vorbrachte. Einige Tage blieb ich noch beim Kompanietroß, wo mit Waffenreinigen, MG-Munition-Gurten und ähnlichen Arbeiten die Zeit rasch verging, dann ging es wieder nach vorne.

Ich schloß mich wieder der Tragtierkolonne an, und wieder zog mich der Muli mit – noch heute erfüllt mich tiefe Dankbarkeit an diese Tiere, und ich kann keinem Tragtier im Gebirge begegnen, ohne mich an diese Ereignisse zu erinnern. Das Bataillon hielt noch die gleiche Stellung besetzt, die ich vor Weihnachten verlassen hatte. Für viele Monate war unsere Welt auf diese zwei Kilometer Frontbreite zusammengeschrumpft. Bei meinem Eintreffen gab es ein großes Hallo, die Kameraden schüttelten mir freudig die Hand, zum erstenmal hatte ich das Gefühl, «dazuzugehören». Zu meiner großen Erleichterung wurde ich nicht wieder der Gruppe Roth zugeteilt, sondern der Gruppe Lang. Otto Lang, ein knabenhaft schmächtiger, persönlich sehr zurückhaltender Oberjäger, war mir wenig bekannt, er war bis zum Winter Kompanietruppmelder gewesen. In ihm sollte ich nun das genaue Gegenteil meines bisherigen Gruppenführers erleben. Trotz des immer wiederholten Tadels unseres Kompaniechefs stand er mit uns allen auf «Du», dabei oder vielleicht gerade deswegen genoß er den größten Respekt aller seiner Untergebenen und Vorgesetzten. Nie hätte sich einer von uns seinen meistens wie Vorschläge klingenden und nur eben hingeworfenen Anordnungen widersetzt, jeder wußte aus Erfahrung und war zutiefst überzeugt, daß er nie einen unsinnigen Befehl geben würde. Dabei war er trotz seines ganz und gar unsoldatischen Benehmens der erfahrenste und erfolgreichste Stoßtruppführer der Kompanie, keiner hatte im Herbst das EK I mit soviel Berechtigung erhalten wie er – er trug es aber niemals. Wohl waren auch Kompaniechef wie Zugführer starke Führerpersönlichkeiten, von hohem persönlichen Mut, die nie etwas von ihren Leuten verlangten, was sie nicht selbst als erste taten. Aber die große Distanz machte einen Kontakt unmöglich, zumal das Verhältnis zwischen einem Abiturienten – einem potentiellen späteren Offizier! – und einem Berufssoldaten immer gespannt war und blieb. Nun hatte ich zum erstenmal einen unmittelbaren Vorgesetzten, den ich aus innerer Überzeugung achten und

Mulikolonne im russischen Winter 1941/42

schätzen konnte, mehr noch, der mir im Lauf der folgenden Monate zu einem wirklichen Freund wurde. Wie erleichterte das die harten Strapazen dieser Zeit! Der Verpflegsatz war vorne nicht höher als er im Lazarett gewesen war: ⅙ Barras pro Tag und Mann und mittags eine dünne Wassersuppe, das war der Kaloriensatz, von dem man täglich 12 Stunden Posten stehen, in der Freizeit noch Bäume für die Bunkerbeheizung fällen und sonstigen Arbeitsdienst leisten mußte, die Sondereinsätze wie die allnächtlichen Spähtrupps in das weiße Vorgelände im metertiefen Schnee nicht eingerechnet. Immer plagte einen ein latentes Hungergefühl, fast so unangenehm wie der eisige Oststurm, der beim Postenstehen wie in einem Windkanal mit konstanter Kraft anbrandete und gegen den kein Kleidungsstück schützte. Das einzige Foto, das von mir aus dieser Zeit existiert, zeigt mich durch Hungerödem bis zur Unkenntlichkeit entstellt und angeschwollen – selbst meine Eltern und nächsten Freunde wollten mir später nicht glauben, daß ich das gewesen sei.
Nächtliches Postenstehen in der weiten weißen Einsamkeit, das Ermüdendste, Abstumpfendste, Anstrengendste, was sich der Geist ersinnen kann: Nur manchmal geht eine Leuchtkugel hoch, die eisige Stille erhellend und mit der Parabel eines Kometen wieder erlöschend, manchmal peitscht ein Gewehrschuß durch das Sausen

des Sturmes, der einem den Atem nimmt, und manchmal unterbricht das ratternde Surren der «Nähmaschine», der russischen Nachtflieger, die Monotonie der Nacht, und weit hinten krachen die Bomben nieder. Langsam rattert die Maschine über unseren Köpfen wieder zurück, ohne durch einen Schuß behelligt zu werden, dann ist wieder die Stille da. Und wie lange, wie endlos lang sind zwei Stunden, bis endlich das schwache Leuchtzifferblatt meiner Uhr anzeigt, daß die letzten Minuten gekommen sind und man in den «heimatlichen» Bunker zurückkehren darf, in dem wenigstens ein Rest Wärme sich noch angespeichert hat.

– Dabei durfte die Aufmerksamkeit niemals erlahmen: Sowohl unsere als auch die russischen Spähtrupps waren in ihren weißen Tarnmänteln in dem welligen Gelände nachts kaum auszumachen, und lange Zeit hielt uns ein russischer Offizier in Atem, dessen Spezialität es war, getarnt als deutscher Offizier in einem MG-Stand nachts aufzutauchen, den Posten kurzerhand zu erschießen und das MG mitzunehmen. Mindestens ein halbes Dutzend Maschinengewehre sind unserem Regiment im Laufe des Winters auf diese Weise verlorengegangen. Glücklicherweise blieb unsere Stellung von diesem makabren Besuch verschont.

– Als die Kompanie eines Tages wieder in Ruhe im «Waldheim» lag, einer Bunkerstellung etwa einen Kilometer hinter der HKL im *Chluchajagrund*, wurde ein Scharfschießen angesetzt. Die Ergebnisse waren mehr als kläglich: Wer von uns hätte Lust oder auch nur Kraft gehabt, sich anzustrengen? Daraufhin veranstaltete unser Kompaniechef am selben Morgen ein zweites Scharfschießen, für das aber Preise ausgesetzt waren. Erster Preis: ein ganzer Barras! Zweiter Preis: ein Stück Wurst und ein halber Barras, dritter Preis: ein Quantum Schnaps und ein Viertel Barras. Das waren königliche Gewinne!! Nie vorher oder nachher habe ich mit einer solchen Hingabe und fanatischen Konzentration schießen sehen oder überhaupt bei irgendeiner soldatischen Tätigkeit erlebt wie bei diesem Preisschießen! Zitternd vor Gier und Aufregung lagen die ausgekochten Obergefreiten auf den Schießpritschen, man sah jedem förmlich das Wasser im Mund zusammenlaufen. Kaum einer schoß weniger als 30 Ringe, ich selbst, sonst ein sehr mäßiger Gewehrschütze, kam auf 32, viele kamen auf 33 oder 34. Unter tosendem Beifall und sichtlichem Neid schoß als einziger Hanno Wohlfrom 36 Ringe – strahlend nahm er seinen Barras in Empfang.

Ernst Kern im Februar 1942 *Kamerad Schratt beim Entlausen*

Nicht nur wir hatten bohrenden Hunger, auch unsere Pferde und Mulis. Schon seit Monaten hatten sie ja nichts anderes mehr zu fressen bekommen als Stroh, gerupft aus den Dächern der Russenkaten. So kam es, daß unsere Tragtiere in *Nowi-Donbas* nicht nur ihre Futterkrippen und Stallpfosten annagten – mehr als einmal stürzte ein ganzer Stall in sich zusammen, die Tiere unter sich begrabend! –, sondern sie fraßen sich auch gegenseitig die Schwänze und Mähnen bis auf die Haut ab. Hatte eines der Braven wieder das Zeitliche gesegnet, so gab es bei uns vorne gute Tage: Muliwurst und Mulifleischsuppe retteten uns wahrscheinlich das Leben, aber den süßlich-bitteren Geschmack dieser Delikatesse wird keiner vergessen, der sie mit Hunger und Ekel hinunterschlang. Wie weit einen der Hunger wirklich treiben kann, ging mir auf, als ich eines Tages im Laufgraben stand, neben mir einer der Kameraden. Vor uns lag einer der toten Russen, die hier zu Anfang des Winters gefallen waren – niemand hatte Zeit und Kraft gehabt, sie wegzuschaffen oder gar zu bestatten, und in unserer Stumpfheit störten sie uns auch schon lange nicht mehr. Und plötzlich begann mein Nebenmann davon zu sprechen – was wohl jeder schon insgeheim gedacht hatte – daß hier doch eigentlich riesige Fleischportionen lägen, genug um die ganze Kompanie über den Winter zu bringen, und daß dieses

Russenfleisch doch wohl nicht schlechter schmecken könne als das Mulifleisch...
- So außerordentlich war die Kälte noch immer, daß ich eines Morgens, als ich beim morgendlichen Kaffeefassen nur für einige Minuten versäumte, die Handschuhe anzuziehen, mir die rechte Hand derart erfror, daß ich wochenlang Beschwerden und Schmerzen davon hatte. Erst zu Ausgang des Winters begann langsam der Antransport der Winterbekleidung, die in der Heimat mit soviel Aufwand gesammelt worden war – zu einem Zeitpunkt, als längst die Kälte gebrochen war und die Schneeschmelze eingesetzt hatte. Die ersten Filzstiefel deutscher Herkunft sah ich in diesem Winter an einem Generalstabsoffizier der Division, der die Stellungen inspizierte. Er hatte sie ja wohl auch nötiger als wir.
- Einer der wenigen Punkte, die aus dem eintönigen Weiß der tiefverschneiten Höhen herausragte, war der etwa 30 km entfernte Trigonometer von *Nishnij Naholtschik*, wie ein Mahnmal für die Toten, die dort zurückgeblieben waren. Manchmal beneideten wir sie. Denn Tag um Tag und Nacht um Nacht verging, ohne daß sich die Kälte verringert hätte. Wäre nicht zwischendurch – wenn auch in großen Abständen – immer wieder einmal ein Postsack aus der Heimat eingetroffen, wir wären wohl alle verzweifelt. Außer der Post hielt mich noch etwas anderes innerlich aufrecht: Von Anfang an trug ich in meiner Jackentasche eine Reclamausgabe des *Faust* mit mir und lernte systematisch beim Postenstehen dieses Werk auswendig. Jeden Tag kamen eine Menge Zeilen dazu. Heute noch, nach 50 Jahren, kann ich den großen Faust-Monolog ohne Schwierigkeiten rezitieren...
- Für einige Zeit wurde ich zum Zugtrupp versetzt, das verdankte ich Otto Lang, dem mein miserabler Gesundheitszustand nicht verborgen blieb. Diese Tätigkeit war etwas weniger anstrengend als das Postenstehen – freilich waren dafür Meldegänge zu erledigen, die gefährlicher waren, weil sich in dem freien Gelände keine Deckung bot. Unsere Zugführer wechselten beinahe wöchentlich; der damalige war ein beschränkter, aber wenigstens gutmütiger Feldwebel, der uns wenig zuleide tat und froh war, wenn er seinerseits in Ruhe gelassen wurde. Daß ich am Kartenspiel kein Interesse hatte, konnte er nicht begreifen. Einmal war eine Meldung zu schreiben, in der das Kennwort «Frankreich» vorkam. Er schrieb «Vrankreich». Vorsichtig meinte mein Melderkollege – ich als Abiturient hatte mir

längst angewöhnt, in solchen Situationen das Maul zu halten –:
«Bitte Herrn Feldwebel aufmerksam machen zu dürfen, in dem Wort
Frankreich ist ein Schreibfehler!»
– Er sah sich die Meldung an und meinte dann: «Ach ja, stimmt!»,
und besserte das Wort zu «Vrangreich» um. Diesmal schwiegen wir
beide.

Anfang April setzte plötzlich das Tauwetter ein, ohne Vorboten. Der
Oststurm wehte immer noch, aber nicht mehr schneidend, sondern
lau und erschlaffend, fast müde. Man spürte förmlich den Frühling.
Innerhalb weniger Tage verschwand die meterdicke Schneedecke
lautlos, wie weggezaubert. In den Balkas rauschte das Wasser und
die Wege begannen wieder in unergründlichem Schlamm zu versinken. Zum erstenmal wurden die Konturen der Hügel und Schluchten, wurde der Mäanderlauf des Mius deutlich sichtbar. Vieles sah
nun ganz anders aus, als man es sich in den vielen Wintermonaten
vorgestellt hatte. Sichtbar wurden freilich auch andere Dinge, die
der Schnee gnädig verdeckt hatte: In Mengen lagen vor unserer
Stellung tote Russen, die jetzt aus dem Weiß als braune, gequollene
Klumpen hervorsickerten, und bald füllte sich die Frühlingsluft mit
unerträglichem, süßlichem Leichengeruch. Abtransport und Bestattung der toten Feinde war indes schwierig, weil sie ja alle am Vorderhang lagen und wir uns daher nur nachts herauswagen konnten.
– Ostern fiel auf den 5. April. In der Karwoche schneite es noch einmal
wie im tiefsten Winter, aber doch war der Frühling allerorts zu
spüren: Die Vögel ließen sich in ihrem Gesang nicht stören, und der
Wind blieb warm. In der Nacht vom Ostersamstag auf den Ostersonntag stand ich Posten – ich war längst wieder zur Gruppe Lang
zurückversetzt –, es war dichtes Schneegestöber und es heulte und
stürmte wie nur je. Aber plötzlich, wie von Zauberhand gebannt,
legte sich das Unwetter, und ein wolkenlos reiner Sternenhimmel
erstrahlte über dem friedlichen Weiß der Osternacht, die glasklar
und hart wie ein Kristall über uns stand. Christ ist erstanden... War
es auch kein Wunder, so erschien es mir doch als ein freundliches
Omen...
– Bald schmolz auch dieser letzte Schnee, und nach wenigen Tagen
schon, übergangslos wie alles in diesem Land der Gegensätze,
waren plötzlich alle Hänge grün überhaucht. Millionen und Abermillionen weiße und violette Krokusblüten begannen aus dem

Boden zu schießen, bald folgten Scilla und Erdrauch, und endlich konnte man ohne Kopfschützer, ohne Handschuhe und ohne dicken Übermantel Posten stehen. Die mannshohen Schilfrohrdickichte des *Chluchaja*grundes, der sich hinter der Stellung entlangzog, eben noch starr gefroren, waren plötzlich erfüllt von geheimnisvollen Vogelstimmen und von hellem Grün, in den Eichenwäldchen huschten Eichhörnchen und das eintönige Rufen des Kuckucks hallte durch die Flußauen.

– Es war oft wochenlang ganz ruhig und an unserem Abschnitt fiel kein Schuß. Ein Oberjäger der Nachbarkompanie, Max Limberger, war der Bräutigam einer Dienstbotin einer Tante von mir und ich kannte ihn schon von früher; gelegentlich besuchten wir uns in unseren Stellungen. Als ich wieder einmal hinüberging zu ihm, fand ich ihn unrasiert, mit verstrubbelten Haaren am Tisch seines Bunkers, Briefe schreibend. Er war sichtlich ganz verstört. «Was ist los?», fragte ich ihn. «Ich falle morgen!», war seine Antwort. «Wenn du Lina später mal siehst, grüße sie von mir – ich schreibe jetzt noch an alle meine Verwandten.» Ich versuchte ihn von seiner Idee abzubringen, aber umsonst – an der ganzen Front war seit Wochen völlige Ruhe. Am Mittag des nächsten Tages fiel *ein* Schuß – Limberger war tot, Kopfschuß durch einen russischen Scharfschützen. Dergleichen Vorahnungen habe ich so manchesmal erlebt, aber selten so klar und kraß...

– Einer der wenigen Kontakte mit der Heimat war die «Soldatenzeitung», die der Augsburger Gauleiter Wahl aussandte und die einigemale klassische Zeichnungen und Darstellungen unserer Situation enthielt. Ich bringe hier eine solche, die sprichwörtlich wurde. Es würde mich interessieren, ob heute, ein halbes Jahrhundert später, *ein* komplettes Exemplar dieser Soldatenzeitung noch irgendwo vorhanden ist...?

– In diesen Wochen ging ich auch einigemale zum Zahnarzt nach *Nowi-Donbas* zurück, die Situation meiner Zähne war schlecht. Das Prinzip der zahnärztlichen Behandlung war: Raus mit dem kranken Zahn – und nicht selten erwies sich dann der Zahn nebendran als eigentlicher Übeltäter. Mit diesem Prinzip habe ich in den vier Kriegsjahren mehr als 20 meiner Zähne verloren – eine der schlimmsten Hypotheken für mein weiteres Leben... Unbemerkt verwandelte sich der Oststurm in einen warmen Westwind, der sich ebenso wie sein rauherer Bruder oft bis zum tobenden Heulen steigerte,

„Auf geht's, Liesl! Pack' mr's wieder! — Alles für Großdeutschland ——!"

Karikatur in der Soldatenzeitung «Front und Heimat» 1942

aber immer warm blieb. In den mondlosen Frühlingsnächten hieß es sehr aufpassen, da man das Heranschleichen feindlicher Trupps nur zu leicht überhörte, war die Nacht im Gegensatz zum Winter doch jetzt voll von Geräuschen aller Art. Hauptsache: Der Winter war vorbei. Alle, die ihn mitgemacht hatten, erhielten später die «Wintermedaille im Osten», von uns «Gefrierfleischorden» genannt.

– Im Mai kam, zum erstenmal seit unserem eigenen Ausrücken, wieder Nachersatz zur Auffüllung der schwach gewordenen Kompanien. Ich war nun endgültig einer der «Alten», zum Stamm der Kompanie gehörig. Außerdem hatte sich mit dem Aufhören der Kälte auch die Nachschublage gebessert, und gute und reichliche Verpflegung trug nun dazu bei, unsere Stimmung zu heben. Das Wichtigste war aber doch das Bewußtsein, daß der furchtbare Winter nun endgültig hinter uns lag.

– Merkwürdig: Anfang April hatte der Frühling seine ersten schüchternen Boten gesandt, Ende April und Anfang Mai brannte nun schon eine Hitze vom Himmel wie in der Heimat in den heißesten Hundstagen nicht. In einer zauberhaften Fülle brachen Blumen aus dem Boden, Narzissen, Tulpen, Adonisröschen, Diptam und Schwertlilien wetteiferten in allen Farben, als wollte die Steppe nun in den wenigen Wochen nachholen, was sie das ganze übrige Jahr versäumen muß. Täglich badeten wir in der klaren *Chluchaja*, ein köstlicher Genuß, das Wasser über den Körper rinnen zu lassen: Wieviele Monate waren wir weder tags noch nachts aus den Kleidern gekommen? Und noch herrlicher, in den freien Stunden in der Sonne zu faulenzen, in der Wärme, die einen wohlig durchströmte.

– Auch als Folge der veränderten Witterung und der gebesserten Verhältnisse gingen unwahrscheinliche Latrinenparolen wie Lauffeuer um: Die Division sollte nach Frankreich verlegt werden, alle vom Gefreiten an aufwärts würden Urlaub bekommen, und was der Gerüchte mehr waren. «Latrinenparolen» – sie gediehen im Sommer besser als im Winter, wo einen die schneidende Kälte nur zu rasch von der Latrine vertrieben hatte! Jetzt gab es an diesem Ort immer etwas zu erzählen und zu hören.

– Ende Mai wurde die Kompanie wieder einmal nach hinten kommandiert und lag in «Ruhe». Wir selbst sahen ein, daß eine gewisse Auffrischung unserer militärischen Kenntnisse unerläßlich war, und nun, in besserer körperlicher Verfassung, war das auch besser durchzustehen als im Winter. Oberleutnant Ruland, aus einem vierwöchigen Heimaturlaub kommend, stürzte sich mit ganzer Kraft auf seine verlotterte Kompanie, und er hatte mehr Kraft als wir alle zusammen. Immerhin konnte man sich als «Alter» aber nun aus manchem heraushalten, was den «Jungen» an Exerzieren, Waffenübungen und Strapazen unerbittlich zugemutet wurde, und vor allem – ich war bei der Gruppe Lang! Immer fand Otto eine Möglichkeit, beim Geländedienst einen Haken schlagend, uns in irgendeiner Balka verschwinden zu lassen und nun Geländedienst durch Liegen im Schatten zu üben – solange, bis irgendein Vorgesetzter auftauchte. Dann allerdings ging es nirgends schneidiger zu als bei uns, und sowohl Otto als auch wir legten ein so überzeugendes militärisches Gebaren an den Tag, daß jeder Offizier hochbefriedigt wieder von dannen ging. Bei solchen Gelegenheiten siezte uns Otto sogar!

– Auch weiterhin wollte mir das Schicksal günstig: Ich wurde als Melder zum Regiment eingeteilt. Das bedeutete, daß ich einen täglichen Marsch von drei Stunden zum Regimentsgefechtsstand und abends die gleiche Strecke wieder zurück zu machen hatte – allein durch den blühenden Wundergarten laufen, durch die Schluchten und Auen, ausgestattet mit weitgehender Bewegungsfreiheit, und obendrein ohne die Sorge einer wesentlichen Feindeinwirkung, denn es war

Bad im Chluchajagrund

und blieb in diesen Monaten an unserem Frontabschnitt völlig ruhig. So wechseln die Lose im Soldatenleben.

– Eines Abends, ich war wieder bei der Gruppe Lang im Bunker, kommt Oberleutnant Ruland hereingestürzt.

– «Lang, sind Sie bereit, eine große Sache zu übernehmen?» – Wann wäre Otto Lang das nicht gewesen! – «Wählen Sie drei Mann aus und kommen Sie mit!»

– Unter den dreien war auch ich, und nun erfuhren wir unseren Auftrag: Wir sollten einen russischen Agenten durch die feindliche HKL schleusen. Schwerbewaffnet mit Maschinenpistolen, in jeder Hosentasche noch eine Pistole, und ausgerüstet mit Kletterschuhen, begannen wir am Spätabend den Abstieg ins Miusbett, begleitet von zahlreichen guten Ratschlägen des örtlichen Kompanieführers, der leider nur das Wichtigste vergaß: Seine Leute anzuhalten, in dieser Nacht keine Leuchtkugeln abzuschießen!

– Wir brachten den Russen, einen älteren, verschmitzten, aber sehr ängstlichen Mann über einen Hang, der so steil war, daß auf ihm kein Drahtverhau verlegt worden war, bis zum Mius, hier über die sogenannte Nordbrücke und durch die uns an dieser Stelle ja seit Monaten wohlbekannten russischen Stellungen, die hier, wo man im toten Winkel der russischen SMGs lag, ein Loch zum

Durchschlüpfen boten. Bei der Anstrengung, die das Hinabklettern über die steilen Hänge bedeutete, ging der Atem stoßweise, und jedesmal, wenn hinter uns eine der verwünschten Leuchtkugeln hochzischte, erstarrten wir zu Salzsäulen, jedes Geräusch peinlich vermeidend. Wir waren den russischen Stellungen so nahe, daß wir die Iwans sprechen und lachen hörten und der Gestank der Machorkazigaretten uns in die Nase stach. Nachdem wir unseren Pan glücklich abgesetzt hatten und uns schon auf dem Rückweg befanden, bereits wieder diesseits des Mius, hörten wir plötzlich Stimmen, Geräusche im nahen Schilf und das Knacken von Fußtritten – eine russische Patrouille! Zu allem Unglück ging nun auch noch der Mond genau hinter uns auf, sodaß wir als Silhouetten auf dem kahlen Hang kaum zu übersehen waren! Rasch und leise versuchten wir uns zurückzuarbeiten. Doch die Russen folgten uns, nur nicht so leise wie wir, offensichtlich ahnten sie nichts von unserer Anwesenheit. Parallel zu uns, kaum 20 m entfernt, kletterten sie den gleichen Hang hoch wie wir, nun blieben sie plötzlich stehen. Wir lagen am Boden, die schußbereiten Waffen in Händen. Man vernahm Sprechen, dann hörten wir die Patrouille sich wieder nach unten entfernen. Wir atmeten auf. Trotzdem blieben Geräusche in unserer Nähe bestehen, wir wurden nicht recht klug aus dieser Situation. Otto, der Meister im Anschleichen, pirschte sich hinüber, wir warteten, die Waffen im Anschlag. Dann sahen wir die vermummte Gestalt, die sich auf unseren Drahtverhau zu bewegte. Zwei, drei Sätze, dann hatte Otto den anderen am Wickel, wir stürzten hinzu. Ein leiser Aufschrei – ein weiblicher Schrei! Wir hatten eine Agentin gefangen, die in der gleichen Stunde, in der wir den Agenten über die feindliche Linie brachten, zu uns herübergeschleust werden sollte! Auch den Russen war also diese «undichte Stelle» wohlbekannt ... Wir lieferten unseren Fang beim Bataillonsstab ab und kehrten mit Morgengrauen zur Kompanie zurück. Nie ist ein von Otto Lang geführtes Unternehmen mißlungen.

Später habe ich erfahren, daß ich bei dieser Gelegenheit zum EK eingereicht wurde. Von der Division wurde die Verleihung jedoch mit der Begründung abgelehnt, daß es jetzt, kurz vor der Offensive, an Mannschaften keine Ordensverleihungen mehr gebe, man könne sich ja in kurzem neu bewähren ... Man schämte sich irgendwie vor den Angehörigen in der Heimat, die solche Zusammenhänge ja nicht kennen konnten ...

Feldwebel Willi Bredemeier   *Oberjäger Otto Lang*

Subjektiv war und blieb das Wichtigste der Postempfang. Ich bekam relativ viele Briefe und Feldpostpäckchen von zu Hause, auch von Verwandten und Freunden – aber das war nichts im Vergleich zu dem, was unser Kamerad Werner Bayer erhielt: Schätzungsweise die Hälfte, manchmal vielleicht drei Viertel der gesamten Post, die der Kompanie gebracht wurde, entfiel auf ihn. So hieß er überall – und dieser Name ist ihm bis heute geblieben – der Packl-Bayer. War schon ich nur aus dem Zwang und aus dem Drang heraus, ja nicht «aufzufallen», halbwegs militärisch – Bayer war absolut unmilitärisch, im Auftreten, im Anzug: Er war und blieb ein Zivilist in Uniform, und das ganz bewußt – er *wollte* Individualist sein und auch als solcher auffallen. Das rote Halstuch, das er zur Uniform zu tragen pflegte, wirkte auf Oberlt. Ruland buchstäblich wie ein rotes Tuch, und er hatte deswegen viel zu leiden, trug das aber mit stoischer Ruhe. Das genaue Gegenteil war sein Freund Willi Spielmann, der stets und überall den «wilden Hund» markierte, sich zu jedem Stoßtruppunternehmen meldete, ja regelrecht vordrängte. Er wollte unbedingt zu einem Offizierskurs abkommandiert werden und womöglich, das sagte er unverhohlen, auch das Ritterkreuz erhalten. Dies gelang ihm zwar nicht, aber die Abkommandierung erreichte er, nachdem er das EK I erhalten hatte.

Denen, die das schafften, blieb der furchtbare Winter 1942/43 erspart.

– Als Vorübung für die Sommeroffensive 1942 wurde im Juni weit hinter der Front eine Schauübung veranstaltet, zu der auch unsere Kompanie kommandiert wurde. Nach vielstündigem anstrengendem Marsch durch Hitze und Staub gelangten wir nach *Tschistjakowo*, dem Ort der Übung. Gegenstand der Unternehmung war die «Erstürmung eines Panzerforts». Morgens um drei Uhr war «Angriffsbeginn», das Ziel wurde zunächst mit Waffen aller Kaliber sturmreif geschossen, mit scharfen geballten Ladungen und Minen wurde der Drahtverhau aufgebrochen. Dann stürzten wir uns, alle mit automatischen Waffen ausgerüstet, auf die Bunker, es war Befehl, daß jedes MG mehrere Kästen scharfer Munition verschießen müsse, dazu feuerten Flak, Sturmgeschütze, Artillerie aller Kaliber, es war ein nie gesehener Feuerzauber und ein wirkliches Wunder, daß niemand ernstlich verletzt wurde. Mehrere hundert Offiziere aller Waffengattungen und zwei Dutzend Generäle wohnten dem lehrreichen Schauspiel bei, und unzählige Kriegsberichterstatter drehten Dokumentarfilme.

– Otto Lang faßte nach Abschluß der Übung unsere Gefühle zusammen, indem er meinte: «Dafür bekommen mindestens fünf Generäle das Ritterkreuz ... Scheiße!»

– Hätte man uns einmal bei den wirklichen Kampfhandlungen eine solche Feuerunterstützung zuteil werden lassen, so hätte man uns mehr genützt als mit dem Potemkin'schen Dorf einer solchen Übung. Aber wer fragte nach dem einfachen Soldaten?

– Was die weiten Märsche des Sommers 1941 nicht geschafft hatten, erreichten diese unsinnigen Gefechtsübungen: Mit einer Marschfraktur im linken Mittelfuß mußte ich mich krank melden und kam für zwei Wochen ins Feldlazarett *Stalino*. Zwar taten mir die Ruhe, die weißbezogenen Betten und das regelmäßige Essen gut, aber mangels eines Ansprechpartners sehnte ich mich bald zu den Kameraden der Kompanie zurück. Indessen begann die Juni-Offensive nach Osten ohne mich und ich stieß erst Anfang Juli 1942 hinter *Rostow* und nach den schweren Kämpfen um *Bataisk*, bei denen viele Freunde gefallen waren, wieder zu meiner Einheit.

Kaukasusfeldzug 1942/43

Marschieren, marschieren, marschieren. Staubfahnen liegen über der weiten Landschaft, flach, öde, unendlich bis zum Horizont, der im heißen Dunst verschwimmt. Kein Punkt für das Auge, an den es sich halten, an dem es ausruhen könnte. Kein Halt auch für den erschöpften Körper, keine Rast, kein Schatten, kein Wasser. Trokkene, staubige, heiße Kehlen, ringsum kein Fluß, keine Pfütze, nur grauer Boden, Erde, verflucht seit Ewigkeiten. Kein Baum, kein Strauch, keine Deckung gegen die unerbittlich quälenden Strahlen der glühenden Sonnenkugel.

– Oft ist das Marschieren nur noch ein Taumeln, zentnerschwer drückt der Rucksack, der Gewehrriemen, die Munitionskästen auf den Schultern. Unbarmherzig brennt die Sonne, ein bösartiger purpurner Feuerball schon am frühen Morgen, brodelndes, glühendes, flüssiges Metall am Mittag, von Hitze und Feuerdunst gesättigt am Abend. Heiß und staubig sind auch die Nächte, in denen die müden Kolonnen dahinwanken, in denen der Sternenhimmel vom Staub verdunkelt wird. Pferdekadaver stinken, Trümmer von Fahrzeugen liegen verkohlt am Rande der Rollbahn, ein umgestürzter Panzer streckt seine Raupen gen Himmel, die aufgesprengte Turmluke läßt den Blick ins Innere frei, in dem wie eine winzige schwarze Mumie, zwerghaft, der verkohlte Fahrer sitzt. Es brandet nach Öl und Benzin, nach ausgeglühtem Eisen und verkohltem Leder, und über allem liegt der süßliche Leichengeruch, der die Millionen, die Milliarden Fliegen anlockt, die man selbst kaum abwehren kann…

– Metallen, gnadenlos ist auch der ungeheure, träge, sich ohne Wellen amorph hinwälzende Strom, der *Don*. Kein Ufer, kein Baum, kein Schilf, nur ringsum eine unendlich weite, im Grenzenlosen verschwimmende, ausgetrocknete Ebene, über die sich seltsame Brükken und Masten spannen wie ein riesiges, unentwirrbares, unheimliches Spinnennetz. Keine Möglichkeit, das Wasser zu erreichen. Marschieren, marschieren, marschieren.

– Und schon liegt der *Don* weit hinter uns, *Rostow, Bataisk*, wo uns die Bunker mit ihren asiatischen Augenschlitzen böse anstarrten und Feuer gegen uns spieen, wo Panzer wie Fackeln gegen die Sonne anbrannten, wo die Hitze der Straßenbrände mit der Glut der Sonne wetteiferte. Immer wüstenartiger wird die Steppe, kaum ist noch eine Spur vom Gras und von den Blumen des Frühlings zu ahnen, verdorrt und braun ist das Land. Hie und da strecken Distelgewächse wie kleine Igel ihre Stacheln aus dem Sand, mehr und mehr nehmen die seltenen Dörfer den Charakter von Oasen an, hingeduckt in die Niederungen des Sandes, aus der Ferne nur an den Ziehbrunnen erkennbar.

– Einer dieser Marschtage, die sich in der Erinnerung nicht mehr unterscheiden lassen, ging entlang eines Bahndammes, dessen Unterbau aus Milliarden und Abermilliarden von Schnecken- und Muschelschalen bestand. Niemand wußte, ob dieser Meereskies vom Schwarzen oder vom Kaspischen Meer hierhertransportiert wurde oder ob auch der Untergrund des Landes selbst aus solchen Sedimenten besteht. An diesem besonders heißen Tag war es, als ob Himmel und Erde uns narren wollten: Jeweils nach einigen Kilometern stand am Bahndamm ein kleines Bahnwärterhäuschen. Weit in der Ferne tauchte schließlich am Spätnachmittag, einer Fata Morgana gleich, die nächste größere Stadt, *Pawlowska*, aus dem Dunst der Wüste auf. Die Sonne schlug wie ein unbarmherziger Hammer auf die glühende Metallplatte der Ebene und auf unsere betäubten, schweißnassen Schädel. Immer wieder schien es uns, als hätten wir das letzte Bahnwärterhäuschen vor der Stadt erreicht, und immer wieder schob sich nach einigen Kilometern ein neues in unser Gesichtsfeld, klein und höhnend, indessen die Silhouette der Stadt am Horizont immer gleich weit entfernt blieb. Es war zum Verzweifeln. Endlich gegen Abend war die Stadt erreicht. Noch sehe ich die Lehmhütte vor mir, um die ich taumelte, als «Halt» befohlen wurde, die graue, ausgemergelte Straße, die in Wellen auf mich zukam. Nichts mehr denkend, nichts mehr wollend, ließ ich mich in den Schatten der Hauswand fallen.

– Hatten wir geglaubt, diese Strapazen seien das Äußerste, was ein Mensch auszuhalten vermöge, so wurden wir rasch eines anderen belehrt. Am nächsten Tag, es war der 8. August 1942, ließ die Hitze alles bisher Erlebte hinter sich, sie war unbeschreiblich, fürchterlich. Und damit nicht genug, kam im Lauf des Tages zunehmend ein Oststurm auf, der feinen Sand in immer dichteren Wolken mit sich brachte, bald war die Sonne verdunkelt. Atemwege und Lungen hielten dem scharfen, trockenen heißen Wind und dem feinen, aber umso dichteren Staub kaum noch stand, ich glaubte ernstlich, ich müsse ersticken. Die Schleimhäute der Nase, des Mundes, der Luftröhre bedeckten sich mit dicken borkigen Krusten, die letzte Speichelsekretion versiegte. Und kein Wasser! Keine Rast! Immer wieder brach einer in der Kolonne oder am Straßenrand zusammen,

Pontonbrücke über den Don in Rostow

Sandsturm in der Kubansteppe

kaum daß man noch die Gesichter und Rangabzeichen unter dem Staub erkennen konnte.

– Das einzige, was uns noch am Leben erhielt, waren die Wassermelonen, die hie und da auch in der Dürre dieser Wüstensteppe noch wuchsen, sie allein gaben unseren Körpern die Möglichkeit, diese Strapazen durchzustehen. Als wir gegen Abend dieses schlimmsten aller Marschtage in *Tichorjezk* einpassierten und wieder in einem Hof Halt geboten wurde, stürzte ich – wie ich ging und stand – auf einen Strohhaufen und blieb wohl eine halbe Stunde unbeweglich liegen. Dann erhob ich mich wie ein Schlafwandler, wankte zum nahen Ziehbrunnen und schüttete vier volle Kochgeschirre Wasser in einem Zug in mich hinein. Und dann, mit etwas erwachenden Lebensgeistern, stürzte ich mich auf die Aprikosen, die hier auf allen Dächern in Mengen zum Trocknen lagen, große, saftige Früchte, wie sie nie bis nach Deutschland gelangen. Ich fraß, bis mir der Bauch stand, es gab ohnehin nichts anderes zu essen. Noch heute kann ich keine Aprikose auf der Zunge spüren, ohne den Feueratem der Kubansteppe zu fühlen. Nach dieser barbarischen Mahlzeit, die der Körper in einer anderen Situation wohl nicht ohne weiteres verkraftet hätte, fühlte ich mich wie neu geboren und trank noch einmal zwei Kochgeschirre voll Wasser aus.

– Kaum einer von uns hatte in diesem Sommer Durchfall, ganz im Gegensatz zum Vorjahr in der fast ebenso heißen Ukraine. Aber in dieser Sonnenglut gab es wohl keine Bakterien mehr, die gefährlich werden konnten, oder die Körper waren so ausgetrocknet, daß die Flüssigkeit nicht einmal mehr zu einem Durchfall reichte. Dagegen gab es viele Sonnenstiche und Hitzeschläge, doch trafen sie ihre Opfer nicht wahllos: Am gefährdetsten waren die «Bullen», die großen, lärmenden, schrankgroßen Männer, die wie gefällte Stiere zusammenbrachen, wenn die Hitze überhandnahm. Astheniker blieben meist verschont.

– Immer wieder wunderten wir uns, daß der Russe kaum Widerstand leistete. Einmal kam es zu einem großen Kosakenangriff alten Stils, der aber in unserem massierten MG-Feuer ein klägliches Ende fand, allerdings hatten wir auch hohe Verluste. Wir Gefreiten und Obergefreiten sprachen in diesen Tagen mehr als einmal darüber, ob das wohl eine List des Feindes sei, uns erst durch die anstrengenden Märsche fertigzumachen, die Nachschubwege ins Endlose zu verlängern, und uns dann mit ausgesuchten und

ausgeruhten Truppen irgendwo zu erwarten. Hanno Wohlfrom meinte verbissenen Gesichts: «Wirst es sehen, erst locken sie uns über den Kaukasus und über die Wolga weg, und auf der anderen Seite warten sie auf uns. Dann haben wir den Nachschubweg über 5000 km Steppe und übers Gebirge – du wirst schon sehen, was dann passiert!»
- Die hohe Generalität scheint diese naheliegende, von uns vielfach geäußerte Vermutung nicht gehabt zu haben. Aber sie kannte ja auch Rußland nicht aus eigener Marschier-Erfahrung wie wir. Zum ersten und fast einzigen Mal im ganzen Krieg habe ich in jenen Tagen meine Idee verflucht, mich ausgerechnet zur Gebirgstruppe gemeldet zu haben, anstatt zu einer motorisierten Waffengattung...
- Die Nacht war angebrochen, wir hofften auf etwas Schlaf und Kühle, da kam der Melder: «Um 9 Uhr Abmarsch!»
- In Anbetracht der zahllosen Hitzschläge hatte die Führung befohlen, daß von nun an nur noch nachts marschiert werden dürfe, und so ging es denn pausenlos weiter. Alles Fluchen und Meutern half nichts – um 9 Uhr standen wir abmarschbereit, aber die Rollbahn war von Fahrzeugen aller Art so verstopft, daß wir uns erst nach Mitternacht in Marsch setzen konnten. In dieser höllischen Nacht war es, daß Hanno Wohlfrom vor mir zusammenkrachte wie ein gefällter Baum. Zu viert hoben wir ihn auf einen Panjewagen, den wir am Abend glücklicherweise noch hatten requirieren können, um wenigstens das schwerste Gepäck aufladen zu können. Wir wankten hinter und neben dem müden Panjegaul her, und bald mußte der zweite und dritte zu Wohlfrom dazugeladen werden. Gegen Morgen erreichten wir wieder einen Ort, es war wohl *Kasanskaja*: Nun waren wir wirklich alle am Ende unserer Kraft. Indessen zeigte sich nun, daß man am Tag nicht schlafen konnte: Zu der Hitze gesellte sich auch noch eine Mückenplage altbiblischen Ausmaßes. Es war gleichermaßen unerträglich, unbedeckten Kopfes zu schlafen unter einem Gewimmel von Mücken, wie sich zu bedecken und damit die brütende Hitze auf noch höhere Grade zu treiben – schweißgebadet mußte man sich nach wenigen Minuten wieder unter der Bedeckung vorarbeiten und ertrug nun lieber wieder die Mücken für einige Zeit.
- Am Spätnachmittag dieses Tages waren wir so zur Verzweiflung getrieben, daß uns der Weitermarsch schon fast wie eine Erlösung erschien. Noch vor Einbruch der Dunkelheit erreichten wir ein

Hochplateau, und plötzlich lag tief zu unseren Füßen der *Kuban*. Tiefrot ging die Sonne im Westen unter, ein feuriger Ball, eine glühende Orange, fahlgelbe Streifen stiegen zu ihr auf, dort kam wohl wieder der Sandsturm. Und wie flüssiges Gold glänzte unter uns das breite Band des Stromes, der durch die im Abendschein rotbrennende Wüste zog. Steppe konnte man diese Landschaft nicht mehr nennen, wir waren nicht mehr in Europa. Langsam überdeckte der staubtreibende Wind die rote Fahne des Sonnenuntergangs, und übergangslos kam die Dunkelheit.

– Betont wurde die Fremdartigkeit der Landschaft auch durch die Kamele, die als Nutztiere in den Dörfern gehalten wurden, da sich Pferde hier wohl kaum noch ernähren ließen. Wir haben übrigens nie gelernt, mit diesen Tieren umzugehen, hier versagte auch die Praxis unserer pfiffigen oberbayerischen Stallknechte, denen kein noch so störrisches Muli widerstehen konnte. Reitversuche einiger Kameraden scheiterten alsbald im heißen Sand, und auch als Zugtiere ließen sich die Kamele nicht verwenden. Wer hätte uns auch anleiten sollen? Eindrucksvoll in Erinnerung ist mir der Wutanfall, den ein Kamel bekam, als wir mit unseren Muli in seiner Nähe eine kurze Gurtrast hielten: Es begann mit tiefen, röhrenden Tönen zu brüllen, es spie Geifer und packte dann einen nahestehenden LKW am Kotflügel und rüttelte ihn derartig, daß der schwere Wagen beinahe umfiel und der Kotflügel abbrach. Die Fahrer erschossen schließlich das rasende Tier, nachdem niemand einen anderen Rat wußte.

– Entlang des Kuban ging es zunächst noch ost-, dann südwärts durch den Wüstensand. Bei der nächsten Rast am Abend, wir alle lagen wie tot am Straßenrand, fuhr ein schwerer LKW in rascher Fahrt vorbei. Plötzlich ertönte ein furchtbarer Schrei: Er war einem der Tiefschlafenden quer über den Leib gefahren. Ein Sanka, der glücklicherweise in der Nähe war, brachte den Schwerverletzten weg.

– Am 15. August erreichten wir *Armawir*, die Hauptstadt des Kubangebietes. Hier verließen uns mehrere Kameraden, die zu einem Offizierslehrgang nach Deutschland abkommandiert wurden, darunter auch Hanno Wohlfrom. Das war ein schwerer Schlag für mich, so sehr ich dem Freund sein Glück gönnte. Noch schwerwiegender war aber, daß ich infolge dieser Abstellungen von der Gruppe Lang weg- und zur Gruppe Röckl versetzt wurde. Röckl war ein Roth in

Major Dr. Schulze inmitten seiner Soldaten

der Potenz. Nie habe ich einen gemeineren, niedriger denkenden Menschen kennengelernt. Stets nur in unflätigsten Ausdrücken und Worten redend, hatte er alsbald sein Augenmerk auf mich «Aburenten» gerichtet, und nie hat mir ein Mensch mein Leben saurer gemacht als dieser Gruppenführer. Am Nachmittag marschierten wir aus Armawir hinaus, nun aber nicht mehr dem Kuban, sondern der *Laba*, einem großen Nebenfluß des Kuban, folgend. Die 1. Gebirgsdivision sollte dem Kuban, wir der Laba folgend in den Kaukasus vorstoßen.

Wir waren wieder die Nacht durchmarschiert, und gegen 6 Uhr morgens war unser Zug, die Spitze des Bataillons bildend, weit voraus. In rascher Fahrt kam hinter uns ein Kübelwagen an – Major Dr. Schulze, unser verehrter Kommandeur, meist nur «Papa Schulze» genannt, stand darin. Ein prüfender Blick auf uns, dann rief er: «Aufsitzen!»
Wie ein Bienenschwarm hingen wir 15 Mann in und an dem Kübelwagen, der nun in zügiger Fahrt in den Morgen hineinfuhr. Noch ging es durch Steppengebiet, aber allmählich änderte sich der Charakter der Landschaft. Wellige Hügelketten begannen aus dem soeben noch flachen Gelände anzusteigen. Auch die Hitze schien an

Kuban-Knie mit dem Elbrus (ca. 300 km Entfernung)

diesem Morgen nicht ganz so drückend wie in den letzten Tagen. Auf dem Kamm der ersten Hügelkette angekommen, bot sich uns ein überwältigender Anblick: Im Vordergrund lagen vor uns Täler und Hügel von paradiesischer Fruchtbarkeit, Flüsse schäumten, zwischen dem Grün der Bäume lugten überall saubere, weißgestrichene Häuschen vor. Dahinter, Kette um Kette, hoben sich gekrönt von den Häuptern der Viertausender die *Kaukasus*berge. Und über allem thronte in einem strahlenden, nicht zu beschreibenden Weiß in der Morgensonne die Riesenkuppe des *Elbrus*. Man muß viele Monate in der öden Steppe zugebracht haben, man muß Tausende von Kilometern durch Sonnenglut und Sandstürme marschiert sein, um einen solchen Anblick in sich hineintrinken zu können. Wir schauten in ein gelobtes Land.

Gleich im ersten Dorf, das wir in sausender Fahrt bergabwärts erreichten, brachten uns die Einwohner – große, kräftige Menschen mit offenem Blick – freudestrahlend Obst, Milch, Weißbrot, sogar Geflügel zum Auto, sie freuten sich wie die Kinder über unser Kommen. In allen Gärten – Gärten in Rußland!! – wucherte übermannshoher Mais, bogen sich Obstbäume unter der Last der Früchte, rauschte Wasser, kaltes, klares Gebirgswasser – wir kamen uns in ein Märchenland verzaubert vor.

Fieseler-Storch beim Verwundetentransport

- Gegen Abend erreichten wir *Achmetowskaja*, ein altes Städtchen an der *Laba*, wo wir für die erst viel später ankommenden übrigen Einheiten des Bataillons Quartier machten. Auch hier wurden wir freudig als Befreier empfangen. Wie schnell waren die Strapazen der Wüstentage vergessen!
- Tags darauf fuhren wir, nun wieder Vorausabteilung des Regiments wie 1941, auf zwei LKWs weiter das Labatal aufwärts. Der Abend sah uns auf einer Waldlichtung in einem Hochtal, wo wir kampierten – um uns wuchs grünes Gras, waren Berge, rauschte Wasser, war der Duft von Tannennadeln und frischem Moos, immer noch war alles wie ein Traum. Nachts wurde es hier oben bereits empfindlich kalt, jedenfalls empfanden unsere durch die Steppenhitze ausgeglühten Körper es so. Ich kroch mit einem Kameraden unter eine Zeltbahn, die alterprobte Methode des gegenseitigen Aufwärmens kam wieder zu ihrem Recht.
- Über *Solennj-Höfe*, einem Einödsort mit Sägewerk, das die zurückweichenden Russen völlig zerstört hatten, ging es weiter und weiter labaaufwärts. Einmal mußten unsere LKW eine Seilhängebrücke, eine Konstruktion wie man sie sich im Urwald von Neuguinea erwartet hätte, passieren. Zwar ächzten die Seile gefährlich, aber sie hielten. Nur wenige 100 m weiter aber passierte es: Der LKW

fuhr über eine hölzerne Wildbachverbauung, tief unter uns rauschte die *Laba*, da krachte es, die Hinterräder brachen durch die Holzplanken und der LKW schwebte frei etwa 30 m über dem Fluß … Mann für Mann krochen wir vorsichtig über das Führerhäuschen nach vorne, die Vorderräder hatten noch Boden unter sich behalten. Es bedurfte stundenlanger anstrengender und nicht ungefährlicher Arbeit, um den Wagen hochzuziehen und wieder flottzumachen. Im nächsten, malerisch an der Liba gelegenen Örtchen, *Roschkowo*, war der weiteren Fahrt ein Ende gesetzt, denn hier hatten die abziehenden Rotarmisten sämtliche Brücken gründlich zerstört.

– Ich mußte in diesen Tagen doppelt soviel Posten stehen wie alle übrigen der Gruppe und wurde obendrein zu jeder anfallenden Dienstleistung herangezogen, Röckl ersparte mir nichts. Mehrfach rieten mir die Kameraden, mich zu beschweren, aber das kannte man ja: Die kleinen Schikanen, über die man sich nicht beschweren konnte, würden sich dann nur noch steigern. Ich schwor mir, mir nichts anmerken zu lassen und mich von diesem Sauhund nicht unterkriegen zu lassen. Das Zähnezusammenbeißen hatte man nun doch gelernt!

– Von *Roschkowo* begann am nächsten Morgen ein steiler Aufstieg ins Hochgebirge. Das bedeutete zwar gewaltige körperliche Anstrengungen und eine große Umstellung, aber wir leisteten sie aus freudigem Herzen. Zum erstenmal seit Beginn des Ostfeldzuges fühlten wir Gebirgsjäger uns hier daheim. Die Berge schienen uns altvertraut wie die der Alpen, und vorerst wurde die Stille der Berge auch nicht durch Schüsse gestört, höchstens ab und zu durch ein verhaltenes Jodeln.

– Wie in den Alpen bestanden die Vorberge aus Kalk, und erst hier, im Zentralmassiv, begann das Urgestein. In Roschkowo säumten riesige Basaltbrüche das Flußtal. Die südlichere Lage des Kaukasus zeigte sich dadurch, daß die Baumgrenze rund 1000 m höher lag als in den Alpen. Die Wege waren oft mehr als steil. Einmal kreiste dicht über uns ein riesiger Raubvogel, der größte Vogel, den ich je im Leben sah. Glücklicherweise war Schießverbot, sonst wäre er sicher heruntergeholt worden. Beim Überklettern einer Felsnase stürzte eines unserer MG-Tragtiere ab, es fiel wohl 50 m über eine steile Felswand. Das tote Tier mit seine MG-Last zu bergen schien unmöglich. Wir sahen noch beratschlagend hinunter, als der treue Langohr sich

Durchquerung der Laba

Hauptverbandplatz – Punkt 1564

plötzlich wieder bewegte, sich unter seiner völlig demolierten Last vorarbeitete und langsam, aber zielstrebig wieder zu uns heraufkletterte. Das Blut tropfte ihm aus der Mähne und von den Schenkeln, der Bauch war weit aufgerissen und das helle Rot der Muskulatur sah vor, aber gleichmütig trottete er weiter mit uns, als sei nichts geschehen.

– In etwa 2000 m Höhe, noch im dichtesten Wald, trafen wir auf einer Lichtung eine Alm. Sie war verlassen, aber in ihrem kühlen Keller fand sich Milch und vorzüglicher Käse in riesigen Ballen. Wir vertilgten nicht nur soviel wir konnten, sondern jeder nahm auch noch eine entsprechende Ladung Käse mit, in der richtigen Erwartung, daß uns in den nächsten Tagen wohl kein Nachschub erreichen würde. Allerdings führte der ungewohnte Milchgenuß dazu, daß wir fast alle heftigen Durchfall bekamen – es bestätigte sich die alte Erfahrung, daß Hungern weniger gefährdet als Vielessen, zumal im Sommer und nach langer Entwöhnung.

– Durch übermannshohe Dschungel von Gräsern und Gesträuch mußten wir uns weiter vorarbeiten, als am folgenden Tag ein Wettersturz mit Kälte, Nebel und Regen einsetzte. Der Unterschied war mehr als kraß: Vor wenigen Tagen hatten wir noch die Gluthitze der Wüste kaum ertragen, waren wir ausgedörrt und am Verdursten, jetzt plötzlich befanden wir uns im feuchten Nebelklima des beginnenden Herbstes im Hochgebirge. Wieder mußten wir kampieren, diesmal ohne die geringste Ausrüstung, doch ging auch diese Nacht vorüber.

– Am Morgen wurde ich zur Vorhut abgestellt, die unter persönlicher Führung des Majors, eines sehr erfahrenen Bergsteigers, vorging. Quer über die Bergketten erreichten wir nach vielstündigem Auf und Ab schließlich wieder das Labatal, und nach einigen Talwindungen tauchte *Sagedan* auf, ein kleiner, hoch über dem Flußtal malerisch gelegener Ort mit sauberen, weißgestrichenen Häuschen. Auch dieser Ort war wider Erwarten feindfrei. Wir übernachteten in guten, uns bereitwilligst zur Verfügung gestellten Quartieren; die Gruppe Röckl bezog das Haus eines kaukasischen Riesen, eines Holzarbeiters mit dichtem Bart und struppigem Haar, der ununterbrochen ein Auge auf seine ungemein hübsche, etwa 17jährige Tochter hatte. Die Kommentare Röckls waren so widerlich, daß ich diesmal ausnahmsweise froh war, gleich auf Posten geschickt zu werden. Auch sonst waren die Bewohner des Ortes hochgewachsene, schöne

Menschen mit kühnem Blick, die Alten hatten terrakottabraune Gesichter, fast indianerhaft.

Von hier begann nun der eigentliche Aufstieg ins Hochgebirge. Nach Überschreiten der Baumgrenze wurde die Gegend öder, die Hänge waren von dichtem Rhododendrongestrüpp und von Krüppelbuchen bedeckt, von ferne sah das aus wie die Latschen in den Alpen. Was mußte das im Frühling für ein zauberhafter Blütengarten sein, wenn alle Hänge im Schmuck der Rhododendronblüten standen! Beim weiteren Aufstieg zum *Adsapschpaß*, hier war die Welt schon ganz unwirtlich hochgebirgig, trafen wir auf eine kohlensäurehaltige Quelle, deren Wasser wie Bier schäumte und angenehm aromatisch schmeckte. Die wenigen «Pässe», die hier über das Gebirge führten, waren schmale Saumpfade, auf denen selbst unsere bergerfahrenen Muli Mühe hatten, sich zu bewegen. Auf dem Kamm des Gebirges, in etwa 4000 m Höhe, trafen wir erstmals auf russische Stützpunkte, die uns harten Widerstand leisteten, aber durch Stoßtrupps rasch außer Gefecht gesetzt wurden. Der Blick vom höchsten Kaukasuskamm nach Süden über die allmählich niedriger werdenden grünen Berg- und Hügelketten bis zum fernen, eben noch erkennbaren Saum des Schwarzen Meeres war ein unvergeßlicher Eindruck. Hätten wir gewußt, was uns dort unten erwartete, unsere Hochstimmung wäre wohl stark gedämpft worden. Der Abstieg ging steil ins *Pschoutal*, das den Saumpfad immer enger und düsterer umschloß. Nun waren wir endgültig in *Asien*.

- Das langgestreckte Dorf auf der südlichen Talsohle, umgeben von den hohen Gipfeln, lag noch im vollen Sonnenglanz, als wir es erreichten. Auch hier wucherte übermannshoher Mais, blühten in den Gärten Dahlien und Geranien und waren die Obstbäume schwer von Früchten aller Art. Gegen Abend sicherten wir das Tal nach allen Seiten ab, während zu unserem Mißvergnügen das Dorf selbst von einer anderen Kompanie des Bataillons besetzt wurde. Diesmal war es also nichts mit Luxusquartieren.
- Mitten in der Nacht erwies es sich aber als notwendig, daß wir auch im Dorf selbst nach dem Rechten sahen – die gesamte Nachbarkompanie vom Kompaniechef bis zum letzten Mann war nämlich ausgefallen, wenn auch auf höchst unkriegerische Weise. Es gab in diesem Dorf zahlreiche Bienenstöcke und wer hätte die Abstinenz

aufgebracht, den Honig, diese langentbehrte Köstlichkeit, *nicht* zu genießen? Der Erfolg war durchschlagend: Bald wälzten sich alle, die Honig gegessen hatten, in einem rauschartigen Zustand am Boden, sie wurden bewußtlos und schienen röchelnd in den letzten Zügen zu liegen. Der Dolmetscher des Bataillons ermittelte am nächsten Tag, als die Kranken sich langsam wieder erholten, daß diese Wirkung darauf zurückzuführen war, daß die Bienen im Frühjahr aus den Rhododendronblüten den Honig sammelten. Die Bewohner, die das nicht im geringsten zu verwundern schien, schrieben diesen Rhododendronblüten die berauschende und betäubende Wirkung zu, die nur ausbliebe, wenn der Honig vor dem Genuß gekocht würde. Unser Bataillonsarzt war ziemlich ratlos, aber am übernächsten Tag waren alle Kranken wieder voll einsatzfähig.

– Jahre später erzählte ich dieses Erlebnis im Gespräch unserem ehemaligen Griechischlehrer. Und nun erwies sich, daß uns ein Geschehnis betroffen hatte, das 2300 Jahre früher in ganz der gleichen Weise Xenophon auf dem Zug seiner Zehntausend erlebt und beschrieben hatte. Da heißt es im 4. Buch, 8. Kapitel der *Anabasis*:

– «... es gab dort viele Bienenstöcke. Alle Soldaten aber, die von den Honigwaben gegessen hatten, verloren die Besinnung, erbrachen sich und bekamen Durchfall, keiner konnte mehr geradestehen. Auch die nur wenig gegessen hatten, glichen Betrunkenen, Wahnsinnigen, einige sogar Sterbenden. Es lagen auf diese Weise viele da, als wenn eine Niederlage im Krieg stattgefunden hätte, und es herrschte große Mutlosigkeit. Am folgenden Tag aber war niemand gestorben, und fast um dieselbe Stunde wurden sie wieder vernünftig. Am zweiten oder auch am dritten Tage standen sie auf wie nach dem Trunk einer betäubenden Arznei...»

– Auch der große Feldherr des Altertums war die Schwarzmeerküste entlanggezogen, auch damals schon hatten die Bienen ihren Honig aus den Rhododendronblüten gesogen. Es gibt nichts Neues unter der Sonne...

– Am Morgen des 30. August lag nur noch eine letzte das Tal versperrende Hügelkette vor uns, dahinter würde das Meer sein, mußte, das wußten wir, *Suchum* liegen, einer der schönsten Badeorte der Schwarzmeerküste. Innerhalb von zwei Monaten waren wir in einem ununterbrochenen Vormarsch tausende von Kilometern vorgestoßen, ohne allzu ernsthaften Widerstand zu erfahren. Hatte uns das in der Steppe noch bedrückt – hier im Gebirge, in unserer Bergheimat, verloren wir alle Bedenken, hier konnten wir an nichts anderes als an Sieg, an ein ungehindertes Weiterstürmen glauben. Hieß es nicht, wir würden durch Persien bis Indien vorstoßen, *Rommel* komme schon aus Afrika entgegen, auch er ein Gebirgsjäger-General, und die deutschen Flotten pflügten schon das Schwarze Meer, um uns zu empfangen? Die Hybris, die oberste Führung vom ersten bis zum letzten Tag des Krieges mit Blindheit schlagend, hatte uns im gelobten Land unserer Berge, unserer Träume, nun auch übermannt.

Als wir ausgeschwärmt gegen diese letzte Höhenkette von Suchum vorgingen, ertönte plötzlich das bekannte Pfeifen der Artillerieschüsse, das dumpfe Blubbern der Granatwerfer, Maschinengewehrgarben klatschten uns entgegen. Binnen weniger Minuten war das Bataillon zur Hälfte aufgerieben, stöhnend lagen die Verwundeten, die Sterbenden und Toten im Gelände, unsere Kompanie hatte allein fast 50 Mann Verluste. Unser tapferer Kompaniechef schrie und weinte wie ein Kind, ein Granatsplitter hatte ihm beide Nieren von hinten aufgerissen und freigelegt, und er starb bald. Dabei konnten wir die Verwundeten nicht einmal abtransportieren. Wie ein Gespenst stand hinter uns der Gedanke an den Rückzugsweg auf: Wie sollte man Verwundete, Schwerverwundete gar, die steilen Tagesmärsche über das Gebirge zurücktransportieren? Wie sollte ein Nachschub von Munition zu uns stattfinden? Selbst wenn wir uns zunächst noch aus dem Land selbst verpflegen konnten – wie lange würde dieses Spiel dauern, dieses Katze-und-Maus-Spiel, das hier seinen furchtbaren Anfang nahm? Mit einem Ruck hatte uns der Krieg sein anderes, sein wahres Gesicht zugewandt, drohend und höhnisch. Und wir alle wußten das, schlagartig. Der steile Aufstieg der deutschen Siege hatte seinen Wendepunkt überschritten.

Nur eiligster Rückzug konnte uns vor dem sofortigen Eingeschlossenwerden und vor der völligen Vernichtung retten. Unser Bataillon war der Truppenteil, der am weitesten südlich vorgestoßen war, wir hatten auch den weitesten Rückzugsweg. Einige Tage konnten wir uns noch in den Wäldern und Schluchten des Pschoutales halten und verteidigen, dann brach unser Nachschub endgültig zusammen. Zum erstenmal in unserer Fronterfahrung begannen hier auch die russischen Flieger eine gewichtige Rolle zu spielen. Alle 20 Minuten erschien mit minutiöser Pünktlichkeit ein Bomberpulk mit seiner

Last, die über unserem Tal abgeladen wurde, und das schmale Tal war ja kaum zu verfehlen: Zum erstenmal erlebten wir uns als Objekt sausender Fliegerbomben, und das surrende Jaulen der Bombensplitter und das Dröhnen der Einschläge, vielfach widerhallend in dem Tal, zerrte mehr an unseren Nerven als das gewohnte Artillerie- und Gewehrfeuer. Von diesem Tag an gaben auch die Russen ihr Versteckspiel auf: Uns zum Tort fuhren die russischen LKW nachts mit aufgeblendeten Lichtern zur feindlichen HKL vor, wohl wissend, daß sie für uns unerreichbar und unangreifbar waren. Und für uns mußte jeder Schuß Munition, jeder Laib Brot auf vielen Tagesmärschen über das mehr als 3000 m hohe Gebirge herangeschleppt werden!

- Drei Tage nach dem Desaster lagen wir wieder in dem Dorf, in dem sich das Ereignis mit dem Honig abgespielt hatte, und besetzten den Taleingang. Am Abend kam Major Dr. Schulze und inspizierte persönlich die Stellung und Deckung eines jeden einzelnen Mannes, immer mit einem Scherz uns Mut zusprechend. Die Nächte waren so dunkel, daß es beim Postenstehen nicht möglich war, eine Uhr ohne Leuchtzifferblatt zu sehen. Als Ersatz gab es unter dem Holz der wild durcheinanderliegenden Baumstämme dieses Urwaldes Holzstücke, die so stark phosphoreszierten, daß man in ihrem Licht die Uhrzeit erkennen und sogar notdürftig lesen konnte. Ich hob mir in meiner Tasche wochenlang einen Vorrat dieses merkwürdigen Holzes auf.

- Am Morgen des 7. September brandete in unserem Rücken Gefechtslärm auf: Der Russe hatte uns, über die Berge kommend, umgangen, und nun saßen wir in der Falle. Glücklicherweise verrieten sich die Russen durch ihre verfrühte Schießerei, sodaß wir einen schmalen Rückzugsweg wieder aufsprengen konnten. Pro Mann wurde noch eine halbe Büchse Ölsardinen verteilt, die einzige Verpflegung für 24 Stunden, dann traten wir den steilen Aufstieg wieder an: Der Traum von der Besetzung der Kaukasussüdseite war endgültig ausgeträumt. Unterwegs begegnete uns noch eine Gruppe Nachersatz, lauter ältere Südtiroler, die nun gleich mit uns umkehren und ihre schweren Rucksäcke den Berg wieder hinaufschleppen konnten.

- Am 10. 9. erreichten wir, unter meist schweren Rückzugsgefechten, die Paßhöhe wieder, die wir Ende August so unbekümmert überschritten hatten. Als Kompanieführer wurde uns Leutnant v. Reichmann zugeteilt, ein schlanker, noch sehr junger Offizier, der mich

Am Adsapsch-Paß, Kameraden-Gräber *Sanitäter Heyn und Ernst Kern, HVP 1564*

Am Umpyrskij-Paß, Mulikolonne

sofort als Melder in den Kompanietrupp beorderte (später stellte sich heraus, daß ein anderer «Kern» gemeint war, aber ich blieb im Kompanietrupp).

– Nun bezogen wir eine von Pioniereinheiten inzwischen notdürftig ausgebaute Stellung, die vorläufig gehalten werden sollte. Oberjäger Röckl war im Pschoutal leicht verwundet worden, war zurückgegangen und auf dem Weg übers Gebirge von russischen Partisanen umgebracht worden. Zum ersten- und einzigenmal während des ganzen Krieges konnte ich über den Tod eines Mannes, eines Kameraden, kein Bedauern empfinden, im Gegenteil, überkam mich ein Gefühl der Erleichterung und Befreiung, daß er mich nie wieder schikanieren würde.

– Den Kompaniegefechtsstand legten wir auf Anordnung unseres neuen Kompanieführers auf einem Felsvorsprung an, mühsam mit unseren Spaten die Grasnarben abtragend. Nach menschlichem Ermessen war dieser Platz, im toten Winkel großer Felswände, absolut beschußsicher. Dies bewahrheitete sich auch, als die Russen wieder und wieder die Paßhöhen angriffen. Daß er trotzdem nicht glücklich gewählt war, zeigte sich in der folgenden Nacht: Ein schweres Gewitter brach los, Sturzbäche von Licht brachen aus dem schwarzen Nachthimmel, übergossen die Felsen mit strahlendem Weiß, der Donner brüllte in vielfachem Echo, und alsbald stürzten von allen Seiten armdicke Wasserstrahlen auf unsere Felsnische herunter, die wie ein Abflußrohr die hohen Felsen drainierte. Wir konnten in der stockfinsteren, nur von Blitzen erhellten Nacht den Platz nicht verlassen, wir wären unweigerlich abgestürzt, und so wurden wir vollkommen durchnäßt, es blieb kein trockener Faden an uns. Meine letzten, sorgsam gehüteten Briefumschläge gingen hier zu Verlust, eine unersetzbare Kostbarkeit, die nicht in Gold aufzuwiegen war. Auch unser gesamtes Gerät, Munition, Leuchtpatronen, Schreibmaterial, wurde ein Opfer der Wasserflut. Am Morgen, bei nachlassendem Regen, bauten wir schleunigst ab und errichteten ein Zelt auf einem nun zwar wasser-, dafür aber, wie sich später herausstellte, keineswegs mehr beschußsicheren Platz. Ringsum wucherte Rhododendrongestrüpp, und auf einmal entdeckte ich bei einem meiner Meldegänge eine hellrote, eben aufgegangene Rhododendronblüte. Sie hatte sich geirrt: Es war nicht Frühling, es war Herbst, und ein kalter Wind pfiff um die Felsen, Nässe lastete zwischen den Blättern und Nebel braute um die Berggipfel. 300 m

Muli am Berg

unterhalb von uns, unter Strapazen durch das mannshohe Gestrüpp zu erreichen, lag die Kochstelle unserer Kompanie. Brot gab es schon seit vielen Tagen nicht mehr, aber unser Koch hatte rechtzeitig einige Kühe aus dem Pschoutal heraufgetrieben, und nun gab es jede Menge gekochtes Rindfleisch. Die Sache hatte nur einen Haken: Salz war keines mehr vorhanden. In kurzem war uns der süßliche Geschmack des ohne Salz gekochten Fleisches unerträglich, das ja auch ohne alle Zutaten, ohne Brot gegessen werden mußte, und trotz des quälenden Hungers konnten wir das Fleisch bald alle nicht mehr anrühren. Ich ging, da ich nicht Posten stehen mußte, täglich früh und abends essenfassen, aber es wurde mir schon speiübel, wenn ich die großen Stücke roten, fast bläulichen Fleisches mit den gelben Fettfransen nur sah. Und mehr als einmal wurde mir beim Aufstieg über den steilen Hang und beim Kriechen durch das Buschwerk schwarz vor den Augen und ich mußte mich eine Weile setzen, um wieder Kraft zu gewinnen. Nur einmal wurde uns eine unerwartete Hilfe zuteil: Ein russischer Doppeldecker, der den Höhenkamm abflog, warf uns eine große Kiste mit Trockenbrot ab, uns wohl als Russen verkennend. Vielleicht hat sie uns allen das Leben gerettet. Doch selbst hier konnte es noch heitere Erlebnisse geben. Eines Abends kam vom Bataillon die Mitteilung, daß sofort *ein* Mann der Kompanie in Urlaub fahren könne. Ausgewählt wurde Alois Dettenkofer, ein Münchner, der ein ganz alter Marschierer war, und mir wurde befohlen, ihm dies mitzuteilen und ihn herbeizuholen. Inzwischen war es ganz finster geworden und ich arbeitete mich mit äußerster Mühe durch die steilen Felsen und dichtes Rhododendrongestrüpp in die Stellung hoch und fand ihn endlich: Er war gerade eben vom Postenstehen zurückgekommen und schlief in seinem Erdloch wie ein Toter. Es dauerte lange, bis ich ihn wachrütteln konnte und seine erste Reaktion war, mich zu verprügeln, glaubend, ich wolle mir einen Ulk mit ihm erlauben. «Du Rindvieh, glaubst du, ich mache mir die Mühe, durch die Felsen heraufzukrallen zum Spaß?», schrie ich ihn an. «Du sollst dich sofort beim Chef melden, du kannst heute noch in Urlaub fahren!» Jetzt glaubte er es, und nie habe ich einen Menschen durch abschüssige Felsen rascher und noch dazu bei stockfinsterer Nacht laufen sehen als den guten Dettenkofer damals.

- Fast 40 Jahre später sahen wir uns bei einem Kompanietreffen zum erstenmal wieder. Er erinnerte sich weder an mich noch an meinen Namen. Daraufhin erzählte ich ihm diese Geschichte – da kannte er mich sehr gut!
- Unvergeßlich bleibt mir aus diesen Tagen der Sternenhimmel, der in den schon kalten Nächten und in der dünnen Hochgebirgsluft in einem Glanz strahlte, der überirdisch erschien. Wie oft habe ich in jenen Nächten zum Großen Bären, zum langsam sich wendenden Orion emporgeblickt – tröstlich, daß es noch Dinge gab, die vom Krieg und aller menschlichen Willkür unabhängig waren und blieben.
- Wir waren völlig am Ende unserer Kraft, als am 17.9. für unsere Kompanie der Rückzugsbefehl kam. Stumpf stolperten wir die Serpentinen des Passes hinab, am frühen Nachmittag erreichten wir Punkt 1564, ein von hohen Bäumen umstandenes Hochgebirgstal, durch das die Laba rauschte. Hier sollten wir nun für einige Zeit in Reserve liegen, hieß es.
- Immer erfolgt im Krieg der Wechsel vom Schrecklichen zum Paradiesischen ganz unvermittelt. Auf Punkt 1564 hatte sich alles gestaut, was wegen der Transportschwierigkeiten nicht hatte auf und über die Berge gebracht werden können. Allein für die 12. Kompanie lagerten hier 7 Säcke Post!! Eine Unmenge Briefe und Päckchen wartete auf mich, und nicht nur das – ich hatte auch Zeit, sie zu lesen

und zu beantworten! Verpflegung gab es in solcher Menge und Güte, daß es ausgeschlossen war, auch nur einen Bruchteil davon zu bewältigen. Marketenderwaren aller Art, Rauchwaren, Süßigkeiten wurden großzügig verteilt.

- Aber noch eine größere Freude erwartete mich hier: Otto Lang war aus dem Urlaub zurückgekehrt, in den er von der Kubansteppe aus gefahren war, er hatte meine Eltern besucht und brachte mir persönliche Grüße und Nachrichten, zum erstenmal geschah das, seit ich von zu Hause weg war, über ein Jahr nun! Das gab ein Erzählen! Mit ihm zusammen waren der biedere Ludwig Schratt und weitere alte Kameraden zurückgekehrt und wurden überall mit Hallo und großer Freude empfangen.

- Ganz anders als im Hochkaukasus herrschte hier unten sonniges und mildes Herbstwetter. Am Morgen lagen Fluß und Berge im tiefen Nebel, der langsam durch die Sonne aufgehellt wurde, die mittags und nachmittags noch mit sommerlicher Kraft brannte. Wir kampierten unter ungeheuren Tannen, die unsere hatte einen gemessenen Umfang von 13 m und eine Höhe von wohl mehr als 50 m, erst in den kalifornischen Nationalparks habe ich wieder so gewaltige Bäume zu Gesicht bekommen. Es ist ein Grundsatz jeder kriegerischen Gemeinschaft, daß man sich in jedem Falle und an jedem Ort so einrichtet, als sei es für immer. Mit Liebe hoben wir zwischen den Wurzeln der Bäume richtige kleine Bunker aus, die mit einer meterdicken Schicht kleingemachter Tannenzweige ausgebettet wurden; so erlebte ich nicht nur das weichste und federndste, sondern auch das duftendste Lager meines Lebens. Unter diesen Bedingungen machte es uns auch wenig aus, daß die Nächte nun schon empfindlich kalt waren. Stiegen am Abend die Nebelschwaden vom Fluß her auf, so zündeten wir uns große Lagerfeuer an – nachts kamen nie Flieger, die uns tagsüber öfters heimsuchten – und saßen die langen Stunden nach dem frühen Dunkelwerden in der flakkernden Wärme und erzählten von daheim oder von gemeinsamen Erinnerungen.

- Einmal saß ich noch in später Nachtstunde allein mit Otto am erlöschenden Feuer, und nochmals fragte ich ihn genau aus über das, was er in der Heimat erlebt hatte. Er war sehr nachdenklich.

- «Weißt du, so richtig eingewöhnen konnte ich mich nicht zu Hause», meinte er. «Es ist alles so anders – man ist in ständiger Unruhe, die Kameraden fehlen einem, der Kleinkram zu Hause, die Sorge um

Lebensmittelkarten, um Kleider, um Dienstverpflichtungen ist einem bald lästig. Ich war richtig froh, als der Urlaub um war... Ob wir uns je wieder daheim eingewöhnen könnten, wenn der Krieg zu Ende ist? Wir sind nicht mehr dieselben wie früher! Ich habe Angst vor dem Nachher!»

- Ich konnte wenig dazu sagen. Die Heimat lag in einer Ferne, die mit Gedanken nicht mehr zu fassen war.
- «Und, was das Schlimmste war: Ich habe keine Freude mehr an meinem Beruf gefunden!»
- Otto war Koch, er war Küchenchef in einem großen Hotel gewesen, und oft hatte er erzählt, was für raffinierte Menüs er zusammengestellt und wie er auch die verwöhntesten Gäste befriedigt hatte.
- «Einmal bin ich ins Hotel gegangen und habe wieder gekocht – es hat mir keinen Spaß mehr gemacht. Ich weiß nicht, ob ich je wieder in den Beruf zurückfinden kann. Wir sind gezeichnet vom Krieg, nur hier draußen wissen wir es noch nicht. Daheim spürt man es erst...» Nun, das waren für mich Sorgen, die noch weit hinten lagen. Viel näher lag die Frage, ob und wann man überhaupt die Heimat wiedersehen würde...
- Die Laubbäume hatten sich zu leuchtendem Gelb und Rot verfärbt, über ein Monat war nun seit unserem ersten Durchzug hier schon vergangen! Der in allen Herbstfarben schimmernde, von den riesigen, schwarzgrünen Tannen durchsetzte Bergwald bot einen prächtigen Kontrast zu dem strahlenden Weiß der Viertausender und dem seidenblauen Herbsthimmel. Neben uns schäumte die Laba, deren eisklares Wasser man im Gedanken an die vergangenen Steppentage immer wieder mit Genuß schlürfte und wo ich jeden Nachmittag ausgiebig badete, am Morgen glitzerten im taufeuchten Gras die Spinnenweben des Altweibersommers, und über allem lag eine goldene Sonne. Noch heute, nach fünfzig Jahren, heben sich diese Tage von allem Vorhergehenden und allem Nachfolgenden als etwas einmalig Schönes ab, als eine unbeschwerte, erholsame Zeit in einer unvergleichlichen Bergwelt, als das Herzstück unseres kaukasischen Abenteuers.
- Der 25. und 26. September brachte mir die schönste Bergtour meines Lebens. Dabei war der Anfang alles andere als vielversprechend: In aller Frühe hatte ich mein einziges Hemd und meine einzige Unterhose gewaschen und an einem Baum zum Trocknen aufgehängt, tagsüber konnte ich ja gut in der bloßen Uniform bleiben.

Bergsee unterhalb des Adsapsch-Passes

Da erschien um 8 Uhr ein Melder vom Bataillon: «Sofort fertigmachen! Alarm! Die Russen sind über einen Seitenpaß durchgebrochen, wir müssen sofort abriegeln! Alles Gepäck bleibt hier!» Bis abends seien wir bestimmt wieder da, hieß es. So blieb mir nichts übrig, als mit der bloßen Uniform auf der Haut unter Mitnahme nur einer Wollweste mit abzurücken.

Der Aufstieg begann an einem steil herabstürzenden Wildwasser ganz in der Nähe unseres Lagerplatzes völlig weglos, zunächst ging es durch den herbstlich bunten Bergwald, der in der Morgensonne mit seinen Abermillionen Tautropfen glänzte und blitzte, und nach Überschreiten der Baumgrenze über ein riesiges Blockmeer. Zwischen den Ritzen der haushohen Granitblöcke glühten purpurne Preißelbeeren und schwankten dunkelgrüne Farne, hin und wieder tauchten kleine Bergseen auf, tiefblaugrün das Wasser, und im Hintergrund stand das ewige Eis der hohen Gipfel, aufsteigend bis zum alles überragenden Massiv des Elbrus, darüber der durchsichtige, fast frühlingsblaue Herbsthimmel – unvergeßlicher Eindruck einer unberührten Natur, die einen den Widersinn des Krieges vergessen ließ. Nach sechsstündigem Anstieg erreichten wir die befohlene Höhe 3711. Außer einem russischen Flieger, der einmal in gleicher Höhe wie wir das Labatal entlangflog, ein merkwürdiger Anblick, sahen wir nichts vom Feind. Der Abstieg führte über steilste Hänge und durch unwegsames Gestrüpp; daß keiner von uns sich mit der schweren Bewaffnung verletzte oder abstürzte, war fast ein Wunder. Mit Mühe und Not erreichten wir eben noch die Baumgrenze, ehe die Dunkelheit fast ohne Übergang hereinbrach. Es wurde rasch schneidend kalt, der Wind fegte über die Höhen her. Der Hang war noch immer so steil, daß jeder sich einen Baum suchte, um dessen Stamm herumgelegt er die Nacht ohne Absturzgefahr verbringen konnte. An Schlafen war schon wegen der Kälte nicht zu denken; ich, als einziger ohne jede Unterwäsche, fror erbärmlich. Gegen Morgen wurde es so bitter kalt, daß wir entgegen allen Bedenken auf einem Felsvorsprung schließlich ein Feuer entzündeten, um uns notdürftig zu wärmen und den Morgen zu erwarten.

- In der grauenden Frühe stiegen wir durch eine Wildbachschlucht ab und erreichten schließlich wieder das Labatal. Schon nach wenigen Metern auf der Talsohle – ich ging als letzter der Kolonne – stutzte ich: Dort lag doch etwas im Gestrüpp? Regungslos zwar, aber nicht hingehörig. Ich bog die Büsche auseinander und fand die gräßlich verstümmelte Leiche eines deutschen Soldaten – die Russen, eine eingesickerte Gruppe von Partisanen, hatten mehrere deutsche Soldaten, meist Melder, abgefangen und unter Foltern getötet.

- Gegen Mittag erreichten wir wieder den heimatlichen Punkt 1564, wo mein Hemd und meine Unterhose, inzwischen völlig getrocknet, noch friedlich im Wind baumelten. Nun hatte ich wenigstens saubere Unterwäsche ... Die folgende Nacht, auf dem schwellenden Lager der Tannenzweige und unter den warmen Decken, wußte man die Annehmlichkeiten dieses Ruhepunktes erst wieder richtig einzuschätzen ...

- Nachts hörte man häufig das Brummen der Bären, wie auch das Röhren der Hirsche, oft in nächster Nähe. Unser Bataillonsadjutant, Forstmeister im Zivilberuf, lief nur noch mit umgehängtem Gewehr und mit der Pfeife im Mund herum und hatte bald seinen Bären erlegt; allerdings kamen die Bärenschinken und -tatzen nur dem Bataillonsstab zugute. Ich selbst bekam leider keinen der Braunen zu Gesicht, nur ihre Spuren sah man häufig in den mannshohen, prall voll Beeren hängenden Brombeersträuchern. Unsere Nachbarkompanie dagegen hatte ein Erlebnis seltener Art: Eines Tages wurde dort süßer Reis gekocht und blieb abends, wie üblich, in den Kochkisten stehen. In später Nachtstunde erschienen zwei riesige Bären, verjagten den Posten – auch ich hätte mich in diesem Fall lieber aus dem Staub gemacht als geschossen! –, brachen in aller Ruhe die Kochkisten auf und fraßen sie bis auf den letzten Rest aus.

– Schon seit vielen Wochen schwelte eine Nagelbettentzündung an meinem rechten Daumen, doch hatte ich nicht viel darauf geachtet, Schmerzen hatte sie mir kaum verursacht, und so hatte ich keine Lust verspürt, wegen einer solchen Lappalie zum Arzt zu gehen. In diesen Tagen verschlimmerte sich die Entzündung, sodaß ich doch einmal die Revierstube aufsuchte, es war ja jetzt genügend Zeit. Der Bataillonsarzt wollte den Finger mit Höllenstein ätzen, hatte aber keinen solchen da. So schickte er mich zum nahegelegenen Hauptverbandsplatz, der sich nur wenige hundert Meter in einigen Blockhütten etabliert hatte. Stabsarzt Dr. Meyer-König, der allseits beliebte Chirurg unserer Division, besah sich den Finger und erklärte kurz und barsch: «Sofort operieren! Vielleicht haben wir dann Glück und ich brauche den Daumen nicht zu amputieren! Höchste Zeit!»

– Das kam unerwartet und unwillkommen. Ich erhielt alsbald eine Narkose, in der ich getobt haben soll wie ein Stier, wie mir die Sanitäter hinterher versicherten, und der bis auf den Knochen reichende Eiterherd wurde ausgeräumt. Mehr als kleinlaut kam ich, den Arm in einer riesigen Schlinge, wieder zum Kompanietrupp zurück. Ich war nur froh, daß wir in Ruhe lagen und ich also Zeit zur Ausheilung hatte.

– Hier hatte ich mich aber wieder einmal verrechnet. In der folgenden Nacht bohrten die Schmerzen zum Rasendwerden, der Finger klopfte und pochte, an Schlafen war nicht zu denken. Und in der ersten Morgenfrühe kam der Befehl zum Abmarsch für das Bataillon! Da ich nicht einsatzfähig war, mußte ich auf 1564 zurückbleiben, zunächst zur Bewachung des hier zurückbleibenden Gerätes. Wieder am folgenden Tag hatte sich aber der Daumen, statt abzuheilen, so sehr verschlimmert, daß der Stabsarzt mich in den HV-Platz aufnahm.

– Die Tage, die ich nun in den modrigen und muffig riechenden Blockhütten des HV-Platzes verbrachte, waren wenig erfreulich. Einmal hatte ich erhebliche Schmerzen, zum anderen bereitete mir die Aussicht der doch noch möglichen Amputation keine Freude.

Am folgenden Tag war schon die Narkose für diese hergerichtet, der Finger war nur eine unförmige, stinkende, eitrige Masse. Ich meldete mich vorher beim Stabsarzt zum Rapport.

– «Bitte Herrn Stabsarzt melden zu dürfen, daß ich Musik oder Biologie studieren möchte – beides geht nicht ohne rechten Daumen! Ich bitte darum, die Amputation aufzuschieben!»

– Nicht die geringste Ahnung hatte ich damals, daß ich selbst Arzt oder gar Chirurg werden würde oder wollte. Dr. Meyer-König sah mich kurz und scharf an, dann kam sein bündiges: «Gut, ich warte noch einen Tag ab! Aber nur einen!»

– Zu meiner großen Erleichterung ging die Entzündung bis zum nächsten Morgen etwas zurück, der Arzt zeigte sich befriedigt. Wieder zwei Tage später erfolgte meine Verlegung zu dem etwa 25 km tiefer gelegenen Sanitätsstützpunkt *Niederndorf*. Die Räumung des Hochkaukasus begann sich abzuzeichnen, aber das wußten wir noch nicht. Natürlich mußte ich marschieren, nur die Schwerverwundeten wurden transportiert, aber das war mir gerade recht. Noch einmal konnte ich mit vollen Zügen die Schönheit dieser herbstlichen Hochgebirgswelt genießen, konnte ich mich unterwegs an den fast kirschgroßen Brombeeren gütlich tun, konnte ich mein Marschtempo selbst bestimmen. In Niederndorf traf ich es nicht schlecht. Für meine Begriffe war die Sanitätsbaracke, nahe der Laba, mit Strohlagern und Öfen luxuriös eingerichtet, die Verpflegung war ausgezeichnet, und vor allem verstand ich mich mit dem Sanitätsdienstgrad, einem beginnenden Medizinstudenten, bald sehr gut. Hier gab es auch ausgebaute Fliegerunterstände, richtige Heldenkeller, die wir oft benützen mußten, denn täglich mehrmals kam die Meute russischer *Ratas* und belegte den Stützpunkt trotz des großen Roten Kreuzes mit Bomben. Wenn mein Finger auch nur langsam heilte, so sah man doch Fortschritte, und von einer Amputation war nicht mehr die Rede.

– Nun wurde es mit Riesenschritten Herbst. Am 18. Oktober fiel erstmals Schnee; der umliegende Bergwald bot noch immer ein phantastisches Bild mit dem Kontrast seiner tiefroten und -braunen Herbstfarben zu dem Schwarzgrün der Eiben und Tannen, die jetzt mit einem Schneeschleier bedeckt waren. Nachts wurde es immer kälter, ich war froh, noch ein Dach über dem Kopf zu haben – wo mochten meine Kameraden jetzt sein? Auch die Läuse vermehrten sich nun wieder geradezu unheimlich, man hatte den ganzen Tag

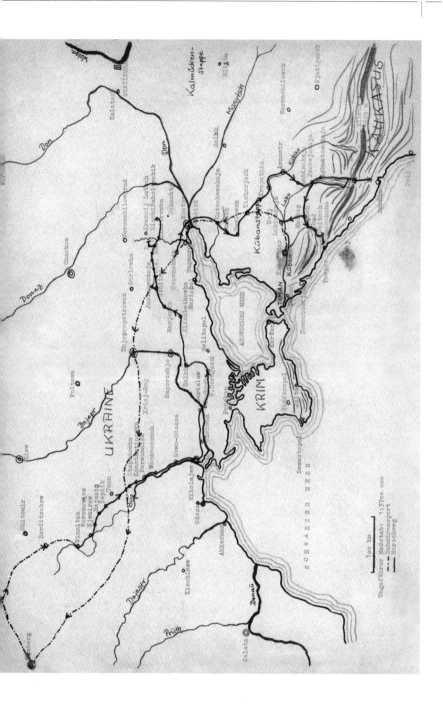

*Von Ernst Kern gezeichnete Marschroute von Lemberg bis Suchum
Bahntransport von Krasnodar bis Lemberg–Krakau–Halle*

mit Lausen zu tun; das war in unseren Augen das sicherste Zeichen bald einsetzenden Winters.

– Eines Tages kam Troßoberjäger Knöpfle von *Sagedan* herübergewandert, an einem Stecken über der Schulter trug er mehrere Kilopakete: für mich die erste Post, die ich seit «1564» erhielt. Er brachte mir Grüße und die neuesten Nachrichten von der Kompanie – sie waren erschütternd. Unter vielen anderen alten Kameraden war wenige Tage vorher auch Otto Lang gefallen. Es verschlug mir die Sprache. Mußte man immer die liebsten Freunde im Leben verlieren? Ich konnte es nicht fassen, und noch heute denke ich mit grenzenloser Trauer an den Tod dieses Mannes, der immer bereit gewesen war, das Schwere zuerst selbst zu tun, statt es anderen zu befehlen, der nie ungeduldig, nie unbeherrscht, immer guter Laune gewesen war. Und das trotz eines schmerzhaften Magenleidens, mit dem jeder andere ins Lazarett gegangen und heim ins Reich gekommen wäre, das ihn oft anfallsartig quälte und ihn erbrechen ließ – er hatte nicht einmal seinen Urlaub verlängern lassen, woraus ihm, dem Träger hoher Tapferkeitsauszeichnungen, niemand auch nur in Gedanken einen Vorwurf gemacht hätte: Er war zu uns zurückgekehrt, so rasch es ging. Ich fühlte mich sehr einsam.

– Neben diesen niederschmetternden Nachrichten fehlte, wie immer im Soldatenleben, auch die heitere Seite des Daseins nicht. Ich traute meinen Ohren nicht, als ich vernahm, daß Matthäus Wedel, unser notorischer Kompaniedepp, Oberjäger geworden sei!! Wie war das möglich? Wedel, nicht nur der dümmste Mensch, der mir als Soldat je begegnet ist – allenfalls konnte man ihm eine gewisse Bauernschläue zubilligen, wenn es ums Organisieren ging –, sondern auch der schlampigste, faulste, schmierigste Mensch, der je einen deutschen Waffenrock trug, der Schrecken und der Ruin jedes Vorgesetzten – wie konnte er Unteroffizier geworden sein?

– Nun, die Sache hatte sich folgendermaßen zugetragen: Gleichzeitig mit zwei alten Obergefreiten war Wedel verwundet worden, die beiden ersteren schwer. Wedel hatte einen Gesäßdurchschuß. Nun lagen die drei im Gelände und warteten, in Decken gehüllt, auf den Abtransport. Zufällig kam unser Major Dr. Schulze vorüber, und in seiner freundlichen Art fragte er, was passiert sei. Es wurde ihm Meldung erstattet, auch daß der mit einem Lungenschuß schwerverwundete Obergefreite seit Jahren Gruppenführer sei. Daraufhin sagte der Major, ein Mann von raschen Entschlüssen:

Blick von Niederndorf nach Südosten (Zeichnung Ernst Kern)

- «Ich befördere Sie hiermit zum Oberjäger wegen Tapferkeit vor dem Feind!» und, nach kurzem Zögern, zu den beiden anderen gewendet: «Und Sie beide auch!»
- Als unser Kompaniechef von diesem unfaßbaren Ereignis vernahm, erblaßte er. Und dann meinte er, mühsam nach Fassung ringend:
- «Dann gibt's nur eines: Wenn er wieder zur Kompanie kommt, wird er Tragtierführer, und es wird ihm erklärt: Dieser Muli ist so wertvoll, daß ihn nur ein Unteroffizier führen darf.» Und so geschah es dann später auch.
- Ende Oktober war meine Hand endlich soweit abgeheilt, daß ich wieder zur Kompanie stoßen konnte. Mein letzter Brief nach Hause aus dem Sanitätsstützpunkt ist wieder mit der rechten Hand geschrieben, die vorherigen waren mühsam mit der linken Hand zusammengestoppelt, noch heute verwahre ich sie. Ich fuhr auf einem Ochsenkarren mit einem Verwundeten nach Sagedan hinunter, und auch dies gehört zu meinen unverlierbaren Erinnerungen. Wer glaubt, keine Zeit zu haben – auf einem Ochsenkarren wird er es lernen! Schritt vor Schritt, nicht aus der Ruhe zu bringen, durch keine Peitsche anzutreiben, aber auch niemals stehenbleibend, nicht durch Schläge, aber auch nicht durch metertiefe Wasserlachen zu erschüttern, zieht der Zugochse seinen Weg. Mir wurde klar, was

der Ochse den östlichen Weisen bedeutet hat, mit dem sie so oft dargestellt werden.
- Mit großer Freude begrüßte ich in Sagedan die alten Kameraden, aber es waren nur noch wenige, die Kompanie war auf Zugstärke zusammengeschmolzen. Der Aufenthalt in Sadegan war nicht von langer Dauer. Am 31. Oktober marschierten wir ab, in mehreren Tagesmärschen wieder das Labatal zurück. Der Himmel bot das Aussehen eines erblindeten Spiegels, von dem sich die nebligen Berge, das grünliche Wasser der Laba, das vergehende Grau des ersten Schnees kaum abhoben, der Laubschmuck der Bäume war jetzt zum größten Teil abgefallen, und ab und zu überfiel uns ein kurzes Schneetreiben. Schon gegen 5 Uhr wurde es dunkel, keine grüne Pflanze war mehr zu sehen, nur noch die braunen Storren der Straußfarne ragten traurig aus dem schmutziggrauen Schnee und die Nässe tropfte von den Bäumen. Das war unser Auszug aus dem Hochkaukasus. Und der Winter stand unmittelbar bevor – was würde er bringen?
- In den Vorbergen erwarteten uns LKWs, die uns in rascher Fahrt aus dem Gebirge heraus nach *Maikop* brachten. In diesem riesigen Dorf – Stadt erschien mir als ein zu anspruchsvolles Wort für diesen Ort, wie er november-unwirtlich aussah – fand sich kein Quartier für uns arme Frontschweine. Auf einem durch Bretterzäune abgesperrten Platz mußten wir außerhalb Maikops in dem verschneiten Schlamm biwakieren – was haben wir geflucht! Mit Recht vermutete wohl die Führung, daß wir bei näherer Betrachtung der Etappenzustände jegliche Lust am Kriegführen verloren hätten. So gab es auch keinen Ausgang, wohl aber durften wir spätabends in geschlossener Marschkolonne ein Kino aufsuchen, wo uns ein Kitschfilm billigster Art zwar nicht zum Lachen brachte, aber wenigstens für die paar Stunden ein regensicheres Dach über dem Kopf. Ein krasser Wechsel: Tags zuvor noch in der einsamen, unwirtlichen Öde des Hochgebirges, jetzt im Kino, und wo würden wir wieder ein paar Tage später sein? Die Eile war uns sehr verdächtig, mit der uns die LKW-Kolonne abgeholt hatte, und noch verdächtiger war, daß am nächsten Morgen der Kommandierende General *Konrad* sich persönlich zu unserem Biwakplatz herausbemühte, es war noch nicht einmal ganz hell, und uns eine zündende Ansprache hielt. Da war von Heldentum, von Führer und Vaterland und von tapferem Ausharren die Rede, das kannten wir. Alles deutete

Stützpunkt am Paß *Leutnant v. Reichmann*

auf schwerste Kampfhandlungen irgendwo hin. Das Wort *Tuapse* fiel immer wieder – das war doch ein berühmter Badeort an der Schwarzmeerküste?

Wieder verluden uns die LKW, es ging die *Grusinische Heerstraße* entlang und in *Nawaginskaja* wurden wir ausgeladen, 30 km von Tuapse entfernt. Wieder waren wir in unmittelbarer Nähe des Schwarzen Meeres, wie in Suchum im August – würden wir es diesmal zu sehen bekommen?

Vorerst einmal standen wir im strömenden Regen und im tiefen Morast der Straße und warteten der Dinge, die da kommen sollten. Die LKW-Kolonne entschwand in rascher Fahrt nach rückwärts. Nach einiger Zeit erging Befehl zum Weitermarsch. Gleich hinter dem Ort ging es von der Straße ab und zur Abwechslung wieder einmal steil bergauf. Der lehmige Schlamm ging bis an die Knöchel, die Stiefel quatschten und blieben bei jedem Schritt stecken, der Regen nieselte, und nun hieß es: Biwakieren! Bei diesem Halt stellte es sich heraus, daß Ferstl, ein etwas beschränkter, schon älterer Mann, der mit dem letzten Nachersatz gekommen war, fehlte; er hatte die für manche Menschen charakteristische Eigenschaft, immer und überall den Anschluß zu verpassen und aufzufallen.

Der Kompaniechef warf einen prüfenden Blick in die Runde, dann sagte er: «Kern, gehen Sie zurück und suchen Sie den Kerl!» Widerrede gab es da keine, aber das hatte mir gerade noch gefehlt... Gott weiß, wohin sich dieser Krummstiefel verlaufen haben mochte, und wie sollte ich ihn nun in der einbrechenden Nacht finden? Als ich nach einstündigem Abstieg, ohne Gepäck ging es doch etwas leichter und rascher, wieder auf die Straße einbog, sah ich im Westen ins Frontgebiet zu einen Panjewagen dahinzuckeln. Hintenauf sitzt ein Soldat – ich renne ihm nach: Ferstl! Das Schicksal war mir wieder einmal günstig gesonnen gewesen. Einigermaßen unsanft zog ich ihn von seinem Wagen herunter, war aber dann doch heilfroh, als ich nach dem erneuten Aufstieg, wobei ich dem völlig erschöpften Mann wohl oder übel seinen Rucksack tragen mußte, mich bei tiefer Dunkelheit mit erfülltem Auftrag wieder beim Kompaniechef zurückmelden konnte. Wäre ich auch nur Minuten später auf die Straße gekommen, ich hätte ihn keinesfalls mehr gefunden – und was hätte ich dann tun sollen?

- Am nächsten Morgen ging es auf der anderen Seite der Hügelkette bergab ins *Gunnaikatal*, ein Name der jedem unvergeßlich ist und bleiben wird, der es betreten hat und lebend wieder verlassen konnte. Hier herrschte ein selbst für russische Verhältnisse ungewöhnlicher Schlamm. Wir wateten stellenweise bis an die Knie im Morast, es war zum Verzweifeln. Hätte uns einer gesagt, dies sei erst der relativ harmlose Vorgeschmack der wirklichen Schlammperiode in diesem teuflischen Gebiet, wir hätten es nicht für möglich gehalten. Dazu rieselte ununterbrochen ein feiner Regen, der einen trotzdem völlig durchnäßte, und nachts war es winterlich kalt. In *Goitch*, einem kleinen Ort, eigentlich waren es nur ein paar Einsiedlerhöfe, das wir am nächsten Tag erreichten, stand schwere Artillerie, von der buchstäblich nur noch die Mündungen der Rohre aus dem Schlamm ragten. Dabei lag der Ort unter ständigem Beschuß schwerer russischer Kanonen, wie wir später sahen, der Schiffsgeschütze aus dem Hafen von Tuapse.

- Wir biwakierten in *Goitch*, und am nächsten Morgen erging der Befehl, sämtliche entbehrlichen Ausrüstungsgegenstände und Privatsachen hier zu lassen, nur Sturmgepäck war zur Mitnahme erlaubt. Was das bedeutete, war uns klar. Wieder ging es steile, bewaldete Anhöhen weglos hinauf, nach vierstündigem hartem Marsch biwakierten wir wieder auf dem nassen Laub, es war uns im

Nebel und Regen mehr als trostlos zumute. In den vorhergehenden Tagen hatten die Russen die HKL in diesem Gebiet auf eine Breite von mehreren Kilometern völlig aufgerollt und wir waren ausersehen, diese Frontlücke wieder zu schließen. Aber das erfuhren wir erst viel später.

- Am Morgen ging der Anstieg weiter durch die steilen und doch schlammigen Wälder. Der Wind warf uns den Geruch morschen Holzes und vermoderter Pilze entgegen, den beklemmenden Leichengeruch des spätherbstlichen Waldes. Gegen Mittag klarte es einmal kurz auf, und wir sahen zum erstenmal die kahle, düstere Bergkuppe des *Semaschcho* vor uns, um die bereits seit Wochen mit größter Erbitterung gekämpft wurde. Gegen Abend erreichten wir die felsige und bewaldete Höhenlinie, die Wasserscheide gegen Tuapse, für den nächsten Morgen war der Sturmangriff angesetzt, der die Frontlücke wieder schließen sollte, die sich hier befand.

- Wir waren völlig durchnäßt und ausgefroren, als der Morgen graute. Nebeltreiben setzte ein, der Sturm heulte um die Felsen und der Nebel wurde dichter und dichter. Schon beim ersten Versuch, die nächste Höhe anzugreifen, wurden wir blutig abgewiesen, unser Kompanieführer, ein junger Leutnant, der erst kurz an der Front war, wurde verwundet. Der Major stand auf der äußersten Bergkuppe, wie ein Gespenst im Nebel, wie immer in seiner alten Windjacke ohne Rangabzeichen, um ihn seine Melder, nervös eine Zigarette nach der anderen rauchend. Sichtlich war er auch ratlos, wie das nun weitergehen sollte. Schließlich wurde das Unternehmen für diesen Tag abgeblasen und wir kehrten zum Biwakplatz der letzten Nacht zurück, wo wieder eine Igelstellung eingenommen wurde. Immer wieder hörte man von links wie von rechts das Rattern der russischen MGs und das Knallen einzelner Gewehrschüsse.

- Am nächsten Morgen wurde Feldwebel Bredemeier, der einzige noch vorhandene ältere Zugführer der Kompanie, zum Bataillonskommandeur befohlen. Als er zurückkam, sagte er auf unsere Frage, was denn los gewesen sei, ganz trocken: «Ich habe das Ritterkreuz bekommen.»

- Gleichzeitig war ihm, und das dämpfte die Freude erheblich, eröffnet worden, daß er, der Bewährte und nun Hochdekorierte, das gestern gescheiterte Unternehmen nochmals zu versuchen habe. Dabei war die ganze Kompanie kaum noch 25 Mann stark!

– Kompanieführer war in dieser kritischen Situation ein junger, etwas dicklicher und völlig unerfahrener Leutnant, gerade frisch an die Front gekommen. Wir gruppierten uns aufs neue. Die Hälfte der Kompanie, ein Dutzend Mann, sollte von rechts her die Felsenhöhe angreifen, die andere Hälfte, zu der auch ich gehörte, gleichzeitig von links her Feuerschutz geben. Wir waren aber kaum in Stellung gegangen und hatten noch keinen Schuß abgegeben, da hörten wir rechts lautes Geschrei und heftigen Kampflärm. In einem einzigen kurzen Ansturm war es Bredemeier, unter Hurragebrüll, was die Lungen nur hergeben wollten, mit seinen wenigen Leuten gelungen, die beherrschende Felsenstellung zu erobern. Wir folgten rasch nach. Oben kam uns das kalte Grauen an. Nach menschlichem und militärischem Ermessen wäre diese Stellung absolut uneinnehmbar gewesen: Tiefe unter die Felsen gesprengte Bunker und SMG-Stellungen, Granatwerfer aller Kaliber, zahlreiche schwere und leichte Maschinengewehre ließen eine Erstürmung dieser Stellung als unmöglich erscheinen. Hunderte von Russen lagen tot, verwundet und stöhnend umher, die Beute an Material und Gefangenen war unerhört. Bredemeier, ein Mann mit eisernen Nerven, stand totenblaß auf dem Felskopf und sagte immer wieder: «Hätte ich das geahnt, wie das befestigt ist, ich hätte *nie* angegriffen! *Niemals!* Ich hätte mich geweigert!»

– So war der Nebel zu Hilfe gekommen, das Überraschungsmoment des keinesfalls für möglich gehaltenen Angriffs, und der Schwung der am Tag zuvor empfangenen hohen Auszeichnung. Freilich waren auch von uns mehrere Mann verwundet und gefallen, die Kompanie hatte nun wieder nur noch schwache Zugstärke. Wir besetzten die russischen Bunker so gut es ging, aus jedem Loch waren erst Tote und Verwundete auszuräumen. Das Problem der gefangenen Russen löste sich auf makabre Weise: Soweit sie unverwundet waren, behielten wir sie da, sie bekamen einen Bunker unterhalb angewiesen und blieben hier, zusammengedrängt wie eine Herde Schafe, willenlos sitzen, waren uns aber untertags zu Arbeitsdiensten aller Art sehr nützlich. Auch ich hatte die Gefangenen mehrfach zum Holzfällen, zum Essen- und Verwundetentragen zu beaufsichtigen, nie gab es Schwierigkeiten irgendwelcher Art. Die Verwundeten dagegen wurden kurzerhand erschossen. Ich wurde dazu nicht befohlen, ich hätte mich wohl auch geweigert. Aber ein junger Gefreiter beim Kompanietrupp, von Beruf Schneidergeselle, machte sich daraus ein Vergnügen: Wie ein Viehschlächter ging er umher und schoß die Verwundeten in den Hinterkopf. Einmal, zwei Tage später, stießen wir etwas unterhalb auf einen Bunker, dessen Eingang so versteckt lag, daß wir ihn nicht bemerkt hatten. Stöhnen machte uns aufmerksam. Wir leuchteten vorsichtig hinein: Zwei schwerverwundete Russen lagen darin, im stinkenden Unrat und Blut, leise jammernd, ein grauenhafter Anblick, vielleicht der grauenhafteste, der mir während des Krieges zuteil geworden ist. Was wollten letztlich auch diese Menschenbrüder anderes, als ein bißchen Wärme, Nahrung und nicht mehr leiden müssen, genau wie wir. Aber niemand konnte ihnen das geben. Und so tat auch hier der Mörder sein Werk, gefühllos lächelnd. Und vielleicht war es, von einer höheren Warte aus, gut, daß es einer von uns tun konnte. Ich hätte es nicht gekonnt und nicht getan – aber ich hätte auch keine Alternative gewußt.

– Mehrmals versuchten die Russen in den folgenden Tagen, das Felsenköpfchen mit seiner beherrschenden Stellung zurückzuerobern, doch wiesen wir die Angriffe glatt ab. Ein großes Glück für uns war, daß wir in diesen Tagen wieder einen sehr erfahrenen und tüchtigen Offizier als Kompaniechef erhielten, Hauptmann Schöllhorn. Ständig lag dichter Nebel über den Höhen, ständig auch rieselte der feine, dichte Regen. Es gab keinerlei Möglichkeit zum Trocknen der völlig durchnäßten Uniform, es mußte zweistündlich Posten gestanden werden, und die Verpflegung bestand ausschließlich noch aus Trockenbrot und Dörrgemüse, das dicht hinter unserer Linie durch Flugzeuge abgeworfen wurde, an normalen Nachschub war bei den Schlammverhältnissen nicht zu denken. Da kein Wasser zum Kochen vorhanden war, mußte das Dörrgemüse trocken gekaut werden – wohl regnete es ununterbrochen, aber es gab in dem modrigen Wald weder Quellen noch auch nur Pfützen, sondern nur trüben Schlamm.

– Ein einzigesmal, am 19. November, war ein durchsichtiger, klarer Herbsttag, der uns Gelegenheit gab, dieses Gelände, um das wir so hart kämpften, einmal auch zu sehen. Seitlich von uns erhob sich der *Semaschcho*, der Teufelsberg, vor uns in der Tiefe lag *Tuapse* mit seinen Hafenanlagen und dem Schwarzen Meer. Mit dem Glas konnte man gut die Kriegsschiffe erkennen, deren schwere Koffer immer wieder über uns hinweggorgelten. An diesem Tag bot sich uns auch das einmalige Schauspiel eines deutschen Stukaangriffs. In langsamem Flug kamen die Kampfflieger von hinten an, sie umkreisten den Gipfel des Semaschcho einmal, ohne daß ein Schuß fiel. Und dann stürzte sich einer nach dem anderen aufheulend auf die kahle Felsenkuppe. Die ungeheuren Detonationen der schweren Bomben nahmen uns, die wir in der Luftlinie nur 2 km entfernt lagen, den Atem, und am erregendsten wirkte das Aufheulen der Maschinen, wenn sie zum Sturzflug ansetzten. Es war das erste- und letztemal während des Krieges, daß ich einen deutschen Stukaangriff erlebte.

- Am nächsten Morgen herrschte schon wieder die sattsam bekannte Waschküche, kaum meterweit konnte man sehen. Schrittweise liefen alle Bunker voll Wasser, in unserer Verzweiflung zogen wir sämtliche vor der Stellung herumliegenden Russenleichen aus, um mit den Kleidungsstücken die Bunkerdecken gegen den Regen zu verstärken, doch half auch das nichts. Eines Morgens, als das fahle Grau sich langsam wieder erhellte, schien der Wald aus Glas zu sein: Von allen Büschen und Ästen tropfte es, aber nur scheinbar, alle Tropfen waren gefroren. Jedes welke Blatt am Boden knisterte beim Darauftreten und auch unsere Uniformen waren an den Körpern steif gefroren. Die ganze Welt schien zu Eis erstarrt. Einen solchen Temperatursturz hatten wir seit langem erwartet, und die Situation, die wir vom vorhergehenden Winter ja hinlänglich kannten: Bitterste Kälte, hier zudem auch noch Nässe, kein Schutz, keine ausreichende Bekleidung, und uns gegenüber ein Gegner, der die Unbilden des eigenen Klimas besser kannte und sich besser zu schützen wußte.
- Einem der wenigen Briefe, die mir von damals noch erhalten geblieben sind, entnehme ich ein von Schlamm verdrecktes, fast unleserliches Blatt:

> Feindlich-düsterer Wald!
> Von jedem Zweig tropft Nässe ein
> ins Moderlaub. Kalt
> weht der Wind vom Meer herein.
> Und lautlos um die Stämme her
> füllt sich der Hang mit Nebel schwer,
> mit Einsamkeit. So leichenstumm.

Nur *einer* geht hier um:
Der Tod. Er sucht.
Ich weiß es: Uns. Sind wir verflucht?
Gespenster schon, im Nebel blind?

War hier einst Vogelzwitschern?
Sommer? Sonnenlicht?
Gibt es noch Glück? Und Liebe lind?
– Nicht mehr für uns, Du Tor.

Siehst Du ihn dort, sein fahles Gesicht?
Hinter dem Baume grinste er vor!
Ich sah es deutlich im Feuerschein
der schweren Mine, die eben schlug ein.

Es pfeift der Wind, die Nässe tropft.
Ist es ein Specht, der ferne klopft?
Nein, ein MG. Der Totenwurm,
der mahnen will? Der Wind wird Sturm.
Die Nacht bricht an.
Die nackte Angst schleicht sich heran...

Es war das letzte Papier, der letzte Briefumschlag gewesen, den ich vor der Nässe hatte retten können. Hätten wir geahnt, was sich in dieser Zeit in *Stalingrad* abzuspielen begann, wir wären noch mutloser gewesen, als wir es ohnehin waren. Aber derartige Nachrichten drangen nicht mehr bis zu uns vor, auch keine Post. Selbst wenn ich noch Briefpapier besessen hätte, ich hätte mit meinen verklammten Fingern doch nicht mehr schreiben können.

In Anbetracht der Tatsache, daß die Kälte immer mehr zunahm und der Russe sich relativ ruhig verhielt, befahl unser Kompaniechef, nunmehr einen richtigen Bunker, vor allem mit Feuergelegenheit, zu bauen. Bisher hatten wir immer noch in den alten, halboffenen russischen Erdlöchern gehaust. Bei der schlechten körperlichen Verfassung, in der wir uns alle befanden, ging diese Arbeit nur langsam von der Hand. Aber nach einigen Tagen war doch ein größerer, durch Balken abgestützter Bunker fertig, in dem sich sogar ein Rauchabzug für das ersehnte Feuer befand. Zusammen mit dem Chef und dem Kompaniesanitäter durfte ich als Melder hier hausen – ein nicht zu beschreibender Vorzug! Lange konnten wir uns indessen unseres schönen Bunkers nicht freuen. Am 29. November, in der Nacht zum 1. Advent, begann es zur Abwechslung wieder einmal zu regnen. Als wir uns nach der stockdunklen Nacht erheben wollten, stand auf dem Bunkerboden ein halber Meter Wasser – nur eine Handbreite fehlte, und es hätte auch unsere Schlafstellen und uns selbst überschwemmt! Ich organisierte zwei Eimer, und innerhalb der nächsten Stunden schöpften wir 700 Eimer Wasser aus dem Bunker, und von nun an mußte stündlich geschöpft werden, wie in einem lecken und versinkenden Boot – dieser Vergleich war nicht abwegig. Ein Glück war, daß der Kompaniechef, Hauptmann Schöllhorn, ein sehr erfahrener und menschlich denkender Offizier war, der in diesen schwierigen Situationen auch selbst zugriff, wo es notwendig war, und unser trübes Dasein nicht weiter erschwerte.

Ein ganz schwarzer Tag war für das Bataillon der 30. 11.: *Papa Schulze*, unser geliebter und von allen verehrter Major, der das Bataillon vom ersten Tag des Rußlandfeldzuges an kommandiert hatte, wurde beim Abgehen unserer Stellung durch einen Oberschenkelschuß schwer verwundet – es war seine 21. Verwundung! Uns allen und auch ihm selbst standen Tränen in den Augen, als er sich von jedem von uns mit Handschlag verabschiedete, auf einer notdürftig improvisierten Trage wurde er nach hinten weggebracht. Das war ein unersetzlicher Verlust für das Bataillon. In diesen Tagen begannen meine Füße, die ja schon im Vorjahr mehrmals, wenn auch nur leichteren Grades, erfroren waren, stark zu schmerzen. Kälte und Nässe führten zusammen in den immer nassen Bunkern zu neuen Erfrierungen, zumal nicht die geringste Möglichkeit bestand, auch nur ein einzigesmal Stiefel und Socken oder gar die ganze Uniform zu trocknen. Keinem von uns ging es besser – einer nach dem anderen mußte nachgeben und sich krankmelden. Anfang Dezember ging der letzte außer mir noch verbliebene von den 51 Mann Nachersatz, die wir ein Jahr vorher zur Kompanie gestoßen waren. Ich selbst war der letzte und konnte mich auch nur deswegen noch halten, weil ich als Melder nicht Posten stehen mußte – aber der tägliche Gang zum Bataillons- oder Regimentsgefechtsstand fiel mir blutsauer, unter Aufbietung meiner ganzen Willenskraft humpelte ich über die verschlammten, nebligen Höhen, die Hölle dieses Winters, ganz Rußland und den Krieg verfluchend.

Nachdem die Kompanie auf weniger als 10 Mann zusammengeschmolzen war, mußte auch ich wieder postenstehen. Es war der

Kettenkrad im überschwemmten Gunnaika-Tal

5. Dezember. Das Erdloch, das ich mit einem älteren, völlig entkräfteten Kameraden zu teilen hatte, war winzig und reichte eigentlich kaum für einen, aber einer war ja ohnedies immer auf Posten. Kam man nach den zwei Stunden Postenstehen bis auf die Knochen naß und durchfroren zurück, so kroch man in die kleine Erdhöhle, in der auch schon handhoch das Wasser stand, und unter die tropfnassen, durchweichten Decken und Russenmäntel, unter denen sich vom anderen her aber doch noch ein Restchen Körperwärme gespeichert hatte und ein gewisses Wärmegefühl vermittelte. Und dann schlief man wie ein Toter, bis die nächsten zwei Stunden um waren und der andere einen wieder weckte. Einmal krachte ein Artillerievolltreffer in nächster Nähe des Loches in einen Baum, der Baum splitterte quer durch und fiel über mein Loch. Nur mit äußerster Kraftanstrengung und mit Hilfe des Kameraden konnte ich mich mühsam wieder befreien ... Infolge der totalen körperlichen Erschöpfung waren wir alle in einem unbeschreiblichen Ausmaß apathisch. In diesen Tagen begann es nun auch noch zu schneien, in einer Nacht fielen fast 30 cm Neuschnee. Damit waren wir unserer letzten Verpflegungsreserve beraubt: Vorher waren in dem modrigen Laub immer noch hie und da Eßkastanien zu finden, von denen wir uns fast allein noch ernährt hatten. Nun waren wir gezwungen,

wie die Tiere den Schnee wegzukratzen und unter ihm nach den kostbaren Früchten zu suchen.

– Eines Morgens konnte ich nicht mehr. Ich schleppte mich zum Bataillonsarzt, der mich nach einem Blick auf meine blauschwarzen Füße wortlos krank schrieb. Dann meldete ich mich noch beim Kompaniechef ab, der mich aufzumuntern versuchte, insgeheim beneidete er mich wohl sogar, aber auch er war entkräftet und verzweifelt. Im dichten Nebel stieg ich über die steilen Hänge ab und erreichte abends, fast bewußtlos vor Erschöpfung, unseren Troßstützpunkt in der Nähe von *Goitch*. Hier befanden sich noch die Ausrüstungsgegenstände, die wir vor Wochen zurückgelassen hatten. Aber es war unmöglich, in dem vermoderten und verschimmelten Haufen noch sein Eigentum zu finden. Die Besitzer der meisten Sachen, die hier lagen, waren ohnedies tot. So suchte ich mir ein Rasierzeug aus – in Maikop hatte ich mich zum letztenmal rasiert! – in der vergeblichen Hoffnung, mich nun vielleicht auch bald wieder einmal waschen und rasieren zu können. Den Pinsel besitze ich noch heute.

– Nachts durfte ich – eine hohe Ehre – beim Hauptfeldwebel im Zelt schlafen; er war mein ehemaliger Zugführer aus dem Jahr 1941. Ich schlief wie in Abrahams Schoß, und auch zu essen gab es hier für mich noch etwas.

– Am Morgen setzte ich mich nach rückwärts durch das *Gunnaikatal* in Marsch. An diesem Tag, nur ungefähr die Richtung kennend und mutterseelenallein, durchlebte ich die Hölle. Stets war der Morast knietief, an einer Stelle, in der Nähe des Hauptverbandplatzes der 1. Gebirgsdivision, ging er mir bis an die Brust. Halb schwimmend, halb watend, mußte ich versuchen, mich vorwärtszuarbeiten und immer wieder Fuß zu fassen. Und das mit bereits erfrorenen, völlig gefühllosen Füßen und in einem Zustand der Entkräftung, der normalerweise jede körperliche Anstrengung unmöglich gemacht hätte.

– Am Spätnachmittag war ich noch kaum weitergekommen, ich war völlig verzweifelt und sah den sicheren Tod des Ertrinkens und der Erschöpfung vor mir. Da überholte mich ein schwerer ZKW, das einzige Fahrzeug, das in diesen Sümpfen noch vorwärtskam. Der Fahrer, o Wunder, hielt an und ließ mich aufsitzen. Das war die Rettung. Nach einigen Kilometern kam der Fluß, wo gerade die letzte Fähre für diesen Tag im Begriff war abzufahren. Ich erreichte sie

noch eben und gelangte mit Einbruch der Dunkelheit zum Sanitätsstützpunkt am jenseitigen Ufer. Eine weitere Nacht, allein und ohne Verpflegung im Sumpf kampierend, hätte ich bei der herrschenden Kälte nicht überstanden.
- Das trockene Zelt des Sanitätsstützpunktes und die freundliche Behandlung, die ich, der unbekannte Gefreite, hier erfuhr, waren für mich ein unfaßbares Geschenk. Sogar warmes Essen gab es, seit vielen Wochen das erstemal für mich. Der Morgen sah mich wieder gekräftigt, und nach einer weiteren Stunde mühsamen Marsches durch den Morast erreichte ich den HV-Platz der 101. Jägerdivision, unserer Nachbareinheit. Als «leichter Fall» wurde ich sogleich weitergeschickt, da alles mit Schwerverwundeten überfüllt war. Während des Laufens waren meine Füße gefühllos und taub und ich hatte relativ wenig Beschwerden. Kam ich aber in Wärme und Ruhe, so begannen sie sofort unerträglich zu schmerzen, und so war es mir nicht einmal unlieb, daß ich vorerst noch selbst laufen mußte, zumal sich die Straßenverhältnisse jetzt besserten. Anstelle einer von den Russen gesprengten Eisenbahnbrücke führte eine Drahtseilbahn über den winterlich hochgeschwollenen Fluß. Es war ein merkwürdiges Gefühl, in dem kleinen Korb hoch über den brausenden Wassermassen zu schweben. Auf dem anderen Ufer warteten nun Sankas, die jeden Ankommenden in rascher Fahrt zur Krankensammelstelle *Apscherowskaja* verbrachten. Meine Odyssee war zu Ende.
- Die ehemaligen Schulräume dieser Sammelstelle starrten vor Schmutz, ich betrat eine Hölle von Gestank und Stöhnen und die Läuse lagen in fettiger Schicht auf den verschimmelten Decken. Fünf Tage blieb ich hier, meine blauschwarz geschwollenen Füße wurden mit Ichthyolsalbenverbänden behandelt, eine recht schmerzhafte Prozedur. Ich fühlte mich sehr elend, führte das aber auf die durchgemachten Strapazen zurück. Am 16. Dezember bekam ich schlagartig hohes Fieber und schweren Brechdurchfall. Ich wurde in ein Infektionszimmer verlegt, der Arzt war sich zunächst nicht klar über die Art meiner Erkrankung. Als in den folgenden Tagen das Fieber eher zunahm und ich nicht das Geringste mehr zu mir nehmen und bei mir behalten konnte, wurde ich in die Infektionsabteilung des Feldlazarettes der 101. Division verlegt. Einige gefangene Russen trugen mich durch die winterlich verschneiten Straßen von *Apscherowskaja*. Ich war nahezu bewußtlos und zu erschöpft, um auch nur noch den Kopf zu heben. Im Feldlazarett wurde ich

entlaust – seit wievielen Wochen zum erstenmal? – und mehrmals vom Chefarzt selbst untersucht, doch kamen die Ärzte zu keiner sicheren Diagnose. Sie vermuteten Fleckfieber, was einem Todesurteil gleichkam.

– Am 19. Dezember ertaubte ich völlig, ich vernahm nicht mehr das geringste Geräusch. Außerdem hatte ich ständig mit einer überwältigenden Übelkeit zu kämpfen, sowie ich auch nur das Geringste zu essen versuchte, kam es zu unstillbarem Erbrechen. Mit Traubenzucker- und Strophanthinspritzen hielt man mich hin, doch hatte man mich wohl aufgegeben. Aufgrund der Agglutinationsproben diagnostizierte man meine Erkrankung nun als Paratyphus A.

– In meiner Apathie merkte ich auch vom Herannahen des Weihnachtsfestes nichts, die Tage blieben für mich in ein gleichmäßiges Dunkel gehüllt, durch das ich hindämmerte. Am Weihnachtstag selbst spielte vor unserer Baracke eine Blaskapelle – ich fühlte bei meiner Taubheit davon nur die Erschütterung der Pauke und glaubte, es sei wieder einer der häufigen Fliegerangriffe. Erst als die Bläser durch die Baracke gingen, verstand ich den Zusammenhang.

– Und doch kam der Weihnachtsengel auch zu mir, in Uniform. Ein Pfarrer betrat die Baracke, ging herum und trat zögernd auf mein Bett zu. Wir erkannten uns – er war Vikar in meiner Heimatstadt gewesen, wir hatten uns gut gekannt und sogar einmal eine gemeinsame Schitour gemacht. Wenn wir uns auch fast nur durch Zeichen verständigen konnten – es war wie ein Ruf aus der anderen, für mich so weit entschwundenen Welt, einen Mann zu sehen, der mich, meine Heimat und meine Eltern kannte, für den ich nicht nur ein unbekannter Soldat, sondern ein bekannter Mensch war.

– Rings um mich starben die Kameraden, einer nach dem anderen. Eines Morgens zuckte der Soldat neben mir, bis zum Skelett abgemagert, noch ein letztesmal zusammen, dann war er tot. Ich sah sein ausgemergeltes, wachsbleiches Gesicht dicht neben mir, auf seiner Pritsche lagen noch ein paar ärmliche Habseligkeiten. Ich griff hinüber und nahm den kleinen Spiegel an mich, der da lag, ich selbst besaß seit langem keinen mehr. Ein Totenschädel starrte mich an, gleich dem neben mir, ein struppiger Bart, glanzlose, fiebrig entzündete Augen. Meine Hand sank kraftlos wieder zurück.

– Und doch erwachte langsam, ganz langsam in mir wieder ein Funke Leben, ein erster Wille zum Durchhalten. In meinen Fieberträumen hatte ich manchmal ein Mädchengesicht vor mir gesehen; als kost-

Entlausungsschein

barste Habseligkeit hatte ich in meiner Brusttasche einen Brief gerettet, dessen Schrift ich bei geschlossenen Augen vor mir sah. Mit aller Kraft zwang ich mich, täglich etwas mehr zu essen. Ich wurde wacher, das Gehör kehrte allmählich wieder zurück, und nur die allabendlich wiederkehrenden Schüttelfröste zermürbten mich bis ins Innerste. So gingen die letzten Tage des Jahres 1942 dahin. Draußen fiel Schnee, das war sogar durch die blinden Fenster unserer Baracke zu erkennen. Wie mochte es den Kameraden vorne auf den Höhen vor *Tuapse* ergehen? Ich war mir klar darüber, daß, hätte mich diese Krankheit vorher überfallen, es keine Rettung für mich hätte geben können. Das Leben hatte mir noch einmal eine Chance gegeben, ich wollte sie nützen.

- Pfarrer Foerster besuchte mich noch mehrmals, er brachte mir Briefpapier, die größte Kostbarkeit, die es gab, sodaß ich meinen Angehörigen wieder ein erstes Lebenszeichen geben konnte. Aber seinem Gesicht sah ich an, daß die große Lage nicht gut stand. Er sprach aber nicht darüber, er durfte es wohl auch nicht. Er wagte nicht, an meinen Vater zu schreiben, den er doch gut kannte: Er hielt mich für verloren.
- Zu meinem großen Mißvergnügen wurde ich am Tage meines 20. Geburtstags, noch in der ersten Januarhälfte, nach *Maikop* ver-

legt. Der allgemeine Rückzug begann, und es war höchste Zeit, die Lazarette zu verlegen, wollte man sie noch rechtzeitig aus der Gefahrenzone bringen. In einem offenen Kübelwagen, ohne Türen und Fenster, wurde ich durch die eisige Winterluft transportiert, und das Schütteln auf den miserablen Straßen tat ein übriges, um wieder einen schweren Fieberrückfall bei mir hervorzurufen. Am 17. Januar mußte auch Maikop geräumt werden. Über *Ustj-Labinskaja* wurde ich nach *Krasnodar* verbracht. Zu hunderten lagerten wir Typhus- und Fleckfieberkranken in eiskalten Kasernenräumen ohne Verpflegung und fast ohne Pflege – ganz wenige junge Russenmädchen betreuten uns zahllose Schwerstkranke notdürftig, aber ich erinnere mich dankbar ihrer Freundlichkeit.

In der Nacht vom 22./23. 1. trat ein erneuter schwerer Fieberrückfall mit kolikartigen, furchtbaren Oberbauchschmerzen und Schüttelfrösten auf, ich glaubte sterben zu müssen. Und in dieser Nacht mußte nun auch *Krasnodar* geräumt werden. Meine Schmerzen waren derart, daß ich laut stöhnte und jammerte, ich fieberte und war wohl auch nach der Meinung der Sanitäter im Sterben. Trotzdem verlud man auch mich als einen der letzten auf eine Trage; wieder ging es im offenen Auto zum Bahnhof, wo wir in einen Güterzug auf Stroh verladen wurden. Im ganzen Zug befanden sich nur noch schwerste Fälle, je drei Wagen hatten einen Sanitäter als Begleitung. Verpflegung gab es keine mehr. Dann setzte sich der Zug in Bewegung. Es war der letzte Lazarettzug, der über *Rostow* der Kaukasusfront entkam, doch das erfuhr ich erst viel später. Die Viehwagen waren ungeheizt, und das Rütteln des Zuges peinigte meinen schmerzenden Körper unsagbar. Einer nach dem anderen der um mich Liegenden starb auf dieser Fahrt, auf der es in den ersten fünf Tagen nicht das Geringste zu essen gab. Bei jedem kurzen Halt sprang der Sanitäter aus dem Wagen und schöpfte aus der nächsten Wasserstelle, wo gewöhnlich erst das Eis aufgehackt werden mußte, Wasser, unser einziges Getränk. Ich war so schwach, daß ich nicht einmal mehr den Kopf zu heben imstande war, die Schüttelfröste gaukelten mir Hitze in der östlichen Winterkälte vor, und oft schrie ich laut vor unerträglichen Schmerzen. Vor Rostow kamen wir in den direkten Beschuß russischer Artillerie, auf dem Bahnhof von Rostow ging ein schweres Fliegerbombardement über uns nieder, das den auf dem Nebengleis stehenden Lazarettzug vernichtend traf, unseren aber verschont ließ.

Und dann rollte der Zug durch die weite *Ukraine*, allmählich blieb der Tod, blieb die unmittelbare Gefahr hinter uns zurück. Und langsam wich auch das Fieber, wenn auch nur der Kälte und Apathie. Auf den Haltepunkten gab es warmen Tee und Suppen, es war nicht zu glauben. In diesen Tagen jährte sich zum zehntenmal der Tag der «nationalsozialistischen Machtergreifung», ein – wie mir schien – denkwürdiges Datum. ... In *Dnjepropetrowsk* erlebten wir nochmals einen Fliegerangriff auf den Bahnhof, das war der Abschied von der Front. Infolge der makabren Ereignisse in Stalingrad und an der Kaukasusfront waren alle Lazarette derart überfüllt, daß unser Zug überall abgewiesen und weitergeleitet wurde. Am 5. Februar erreichten wir *Przemysl*, und hier fand unsere Fahrt ihr vorläufiges Ende. Wir wurden ausgeladen, mehr Tote als Lebende. Ein kleiner, drahtiger Sanitäter nahm mich Skelett, ich wog weniger als 80 Pfund, auf den Arm und trug mich in die Entlausungs- und Reinigungsbaracke. Dann wurde ich ins Reservelazarett Przemysl verbracht: Mit ungläubigen Augen sah ich weiße Betten, deutsche Rotkreuzschwestern, fühlte ich die Wärme der geheizten Zimmer und den Geruch von warmem Essen. Ich wagte es nicht zu glauben, und doch war es so: Die Front, der Tod, das weite, entsetzliche Rußland lag hinter mir.

Intermezzo 1943/44

Auch Przemysl wurde wegen des riesigen Anfalls von Schwerverwundeten bald von Kranken geräumt. Ich war jetzt fieberfrei und zwar noch schwach, medizinisch betrachtet aber doch nur ein Rekonvaleszent; die zwei Wochen Fahrt in der eisigen Winterkälte hatten mein Fieber geheilt. Ein funkelnagelneuer Lazarettzug, blitzblanke D-Zugwagen, weißbezogene Betten nahmen uns auf, bei jedem Halt betraten Rotkreuzschwestern den Zug und brachten gute Dinge: Milch, warmen Tee, Fleischbrühe, Gebäck, Bonbons; immer wieder überfiel mich abgrundtiefes Erstaunen. In diesem Lazarettzug überwand ich zum erstenmal meine Schwäche soweit, daß ich mühsam aufstand und, mich an der Wand entlangtastend, zur Toilette wankte. Über *Krakau, Cottbus* und *Torgau* erreichte der Zug am 18. Februar *Halle*, wo wir ausgeladen wurden.

- Hier war nun, für meine Begriffe jedenfalls, alles friedensmäßig. Es gab gute Verpflegung, die mich langsam wieder zu Kräften kommen ließ – freilich spürte ich immer wieder: Aufwärts ging es viel, viel langsamer als abwärts! Jetzt erst begriff ich auch den vollen Umfang dessen, was sich im Kaukasus und in Stalingrad abgespielt hatte, und daß ich einer der relativ wenigen war, die aus diesem Hexenkessel entkommen waren.
- Durch Telegramme war rasch der Kontakt mit meinen Eltern hergestellt, sie konnten mich schon Anfang März besuchen. Und wenige Wochen später erfolgte die von mir beantragte Verlegung ins süddeutsche Heimatlazarett. Im Hochsommer, 24 Monate, nachdem ich Soldat geworden war, bekam ich meinen ersten Urlaub. Neue Welten eröffneten sich mir: Aufregendes erstes Kennenlernen des Universitätslebens! Die Freundin studierte in Tübingen und nahm mich in die Vorlesungen mit, wo ich mich allein wohl gar nicht hingetraut hätte, alles Geistigen entwöhnt und mich immer noch als Frontschwein fühlend. Ausgehungert nach Musik stürzte ich mich auf meinen Flügel, langsam gewann ich wieder Macht über meine Hände. Und doch konnte ich diese vergangenen Jahre, die Front, und vor allem die Kameraden im Feld nicht vergessen. Der Wehrmachtsbericht sprach von schweren Kämpfen in Südrußland, immer wieder tauchten altvertraute Namen, nur zu bekannte Einheitsbezeichnungen auf. Und zwischen den Zeilen zu lesen hatte man ja schließlich gelernt...
- Nur zu rasch war die Urlaubszeit vorüber. Das Dasein beim Ersatztruppenteil behagte mir wenig, war ich doch nicht nur des

Kasernendaseins entwöhnt, nein, ich hatte es ja nie richtig kennengelernt. Doch war mein Gesundheitszustand noch nicht so, daß mich ein Arzt kv geschrieben hätte. Immer wieder hatte ich unerklärliche Fieberschübe, und mehrmals wurde ich in Reservelazaretten durch die ganze Mühle der Diagnostik gedreht, ohne daß sich Eindeutiges finden ließ. Malaria, Leber- oder Milzabszeß, kaukasisches Sumpffieber mit Rezidiven, chronische Hepatitis, das war ein kleiner Auszug aus den Vermutungsdiagnosen dieser Zeit. Ging es mir gut, so wurde ich zu verschiedenen Landesschützeneinheiten zur Gefangenenbewachung kommandiert, ein Dienst, der mir noch unerfreulicher erschien als die Kaserne. Als Gebirgsjäger mußte man sich überall wehren, daß einem nicht die Uniform – Bergstiefel, Jägermütze, Keilhose und Edelweiß – abgenommen und gegen die unpraktischen und verhaßten Knobelbecher und Schiffchenmützen vertauscht wurden.

Und die Gedanken drehten sich im Kreise: Daß dieser Krieg sinnlos war, war sicher, daß er verloren werden würde, erschien höchstwahrscheinlich. Sollte man nun resignieren, als kleines Rädchen in die Teufelsmaschine eingefügt zu sein, gab es keinen Ausweg aus dem Labyrinth dieser Zeit, keine Möglichkeit, das sinnlose Geschehen wenigstens für sich selbst mit einem Sinn zu erfüllen? Auch ich hatte auf den Gegner geschossen, mehr als einmal, aber immer nur, um das nackte eigene Leben zu retten. Aber waren es nicht Menschen, Söhne von Müttern so gut wie wir, auf die man da schoß und wieder schießen würde, kam man an die Front zurück? Und wer war mehr im Recht? Schließlich waren wir doch die Eindringlinge, die Eroberer, sie verteidigten nur ihre Heimat.

Immer wieder drängten sich mir diese Fragen auf, und ich hatte ja nun genug Zeit, sie zu überdenken. Die Lösung, die sich mir mehr und mehr aufdrängte, hieß: mich zum Sanitätsdienst zu melden. Wenn ich Verwundete barg und versorgte, so war es gleichgültig, welcher Nation sie angehörten. Nicht mehr auf fremde Menschenbrüder schießen, sondern Wunden verbinden – darin blieb ein Sinn, wie auch immer das Kriegsglück sich wenden mochte. Dabei dachte ich kaum ans Medizinstudium: Für einen Neubeginn des Studiums wurden 3 Jahre Dienstzeit insgesamt und 2 Jahre Frontdienst vorausgesetzt, das hatte ich nicht aufzuweisen, daran war also nicht zu denken. Eine Möglichkeit hätte es noch gegeben, von vielen ausgenützt: Ich hätte mich zum aktiven Sanitätsdienst verpflichten können.

Aber die Uniform auch nur einen Tag, nur eine Stunde länger zu tragen als ich mußte – nein! Niemals!

– Den letzten Ausschlag zu meiner Meldung im Herbst 1943 zum Sanitätsdienst gab freilich noch eine andere Überlegung: Während meiner langen Frontzeit war die Frage, Offizier zu werden, für mich nie akut geworden. Das war reiner Zufall gewesen: Beim erstenmal hatte mir die Gelbsucht einen Strich zurch die Rechnung gemacht, ein zweitesmal hatten Differenzen mit dem Kompaniechef mir den Weg zum Lehrgang verbaut. Jetzt, im 5. Kriegsjahr, würde ich dieser Frage nicht mehr lange ausweichen können, denn zu groß war der Aderlaß, den das Offizierskorps erlitten hatte. Aber *wollte* ich denn Offizier werden? Gewiß, zu Anfang meiner Soldatenzeit hatte ich von den silbernen Achselstücken geträumt – nach zwei Jahren Front wußte ich nun aber auch, was sie bedeuteten. Tag für Tag Dinge befehlen müssen, von deren Sinnlosigkeit, ja Widersinnigkeit man zutiefst überzeugt ist, Verantwortung tragen für Maßnahmen, die man nicht gutheißen konnte, deren Verantwortung in einem letzten Sinne vor jeder Instanz unmöglich war! Das war der Beruf des Offiziers in diesem Krieg. Sollte ich diesen Zwiespalt auf mich nehmen – nicht mehr in jugendlicher Unkenntnis, wie soviele meiner Alterskameraden, sondern in klarer Erkenntnis aller Folgen?

– Hans Wohlfrom besuchte mich in diesen Herbsttagen einmal. Er war inzwischen als Leutnant schon wieder an der Front gewesen und verwundet heimgekehrt. Nun erzählte er mir in später Nachtstunde von Widerstandsbewegungen, von Sabotage und Offiziersbünden, vom geplanten Tyrannenmord. Daß mir keine Macht der Welt diese anvertrauten Geheimnisse entreißen würde, wußte er, und ganz neu war mir dies alles nicht. Aber war denn das nun die richtige Einstellung? Vielleicht mochte das Kriegsende durch Sabotage, durch Mord beschleunigt werden, aber im Einzelfall doch wieder nur auf Kosten des Lebens von Frontkameraden. Wer konnte solche Entscheidungen auf sich nehmen? Aber auch diese Frage erledigte sich für den, der unter dem Roten Kreuz kämpfte: Ob Freund oder Feind, ob Träger des verhaßten Systems oder Widerstandskämpfer – hier waren alles nur Menschen, und alle galten gleich.

– So kam es, daß ich im Oktober 1943 auf die Sanitätsschule kommandiert wurde. Das theoretische Wissen mir anzueignen, machte keine Schwierigkeit, das praktische, die Verbände, der Verwundetentransport, war mir nichts Unbekanntes. Neu war mir, eine Krankentrage mit vorgeschriebenen Handgriffen exerziermäßig zur Entfaltung zu bringen und wieder zusammenzulegen, sie mit festgelegten Griffen vom Boden auf die Achsel zu heben und wieder abzustellen, alles bei vorgeschriebener Winkelstellung der Füße. Das hatte ich an der Front nie erlebt, aber der Mensch lernt ja nie aus.... Zu Weihnachten trug ich außer dem Edelweiß auch den Äskulapstab am Ärmel, ein Zeichen der Menschlichkeit seit Jahrtausenden. Am anderen Ärmel prangten nun auch die Doppelwinkel des Obergefreiten, ich gehörte also zum «Rückgrat der Armee». Und in der Tat waren diese Winkel symbolisch: Nichts konnte einen mehr aus der Ruhe bringen, an dem bekannten Zitat des Ritters mit der eisernen Hand prallten alle Schikanen, alle unsinnigen Befehle von Vorgesetzten aller Grade wirkungslos ab: Ich war nun ein alter Soldat, der alle Schliche und Kniffe des Soldatenlebens in- und auswendig kannte.

Nochmals mußte ich für einige Wochen ins Lazarett, aber im Frühjahr 1944 schien meine Gesundheit befriedigend wiederhergestellt. Nochmals gab es einige Tage Urlaub, und ich weilte zu Hause. Die nächtlichen Fliegeralarme störten uns wenig, bisher war Augsburg von jedem Angriff verschont geblieben. In der Nacht vom 23./24. Februar 1944 ertönten wieder die Sirenen, und wir wanderten mit unseren Bündeln in den Keller. Nach wenigen Minuten war aus der Radioansage klar, daß es diesmal uns gelten würde. Bei einem ersten einstündigen Bombardement gingen vorwiegend Brandbomben nieder; als wir uns nach der Entwarnung aus dem Keller begaben, schien die Stadt ein Flammenmeer. War auch unsere Wohnung von schweren Schäden verschont, so steckte doch mehr als eine Phosphorbombe im Gebälk unseres Daches und mußte mit Sand und viel Anstrengung gelöscht werden. Kaum war dies getan – die Löschtätigkeit war in der ganzen Stadt noch in vollem Gange – begann erneut die Flak zu schießen. Die Sirenen waren ausgefallen. Wir erreichten gerade noch den rettenden Keller, dann begann erneut das Krachen und Dröhnen, diesmal aber mit infernalischer Wucht. Der tonnenförmige Keller schwankte wie der Bauch eines Unterseebootes, wir wurden hin- und hergeschleudert, einmal preßte der Luftdruck die gesicherte Türe auf und fegte zu uns herein, heiße Wolken ätzenden Staubes und Rauches mit sich führend. Nur schwerste Sprengbomben und Luftminen trafen die Stadt, die schon an allen Ecken und Enden lichterloh gebrannt hatte. Die Wirkung war furchtbar.

- Auch diesmal war unsere Wohnung erhalten geblieben, aber wie sah sie aus, als wir uns nun aus dem Keller wagen konnten: Sämtliche Türen und Fenster waren eingeschlagen, Haufen von Scherben, von Splittern, von Asche lagen in den Räumen, es gab kein Licht, kein Wasser, kein Gas. Und dabei war es die kälteste Nacht dieses Winters ... Die Stadt brannte wie eine Fackel gegen den düsteren Nachthimmel, die Hydranten waren vereist, und so fehlte vielerorts die primitivste Möglichkeit zum Löschen und Retten.

- Im grauenden Morgen konnte die Sonne die Rauchschwaden, die über der toten Stadt lagerten, nicht durchdringen, ganze Häuserblocks brannten wie Fanale. Als blutrote düstere Scheibe blieb die Sonne den ganzen Tag über in den düsteren Rauchschwaden zu sehen. Auf den Friedhöfen stapelten sich die nichtidentifizierbaren Leichen, die Krankenhäuser, selbst alle schwer getroffen, quollen über von Verletzten und Sterbenden. Ganze Familien, ganze Hausgemeinschaften waren ausgelöscht. Das Elend war unbeschreiblich. Auch in die St.-Anna-Kirche waren die Bomben gestürzt, die Orgel, auf der ich spielen gelernt hatte, meine Orgel, war mitsamt ihrem unvergleichlichen Renaissanceprospekt ausgebrannt, zerstört.

- Die letzten noch verbleibenden Tage meines Urlaubs waren den Aufräumungsarbeiten gewidmet, dann ging es wieder zurück zur Genesenenkompanie nach *Miesbach*. Verschiedentlich verzögerte sich meine Abstellung nach Rußland, so wurde es Ende April, bis es wieder soweit war. Einige harte Bergtouren bewiesen mir meinen wiederhergestellten Gesundheitszustand, ich fühlte mich wieder völlig auf der Höhe.

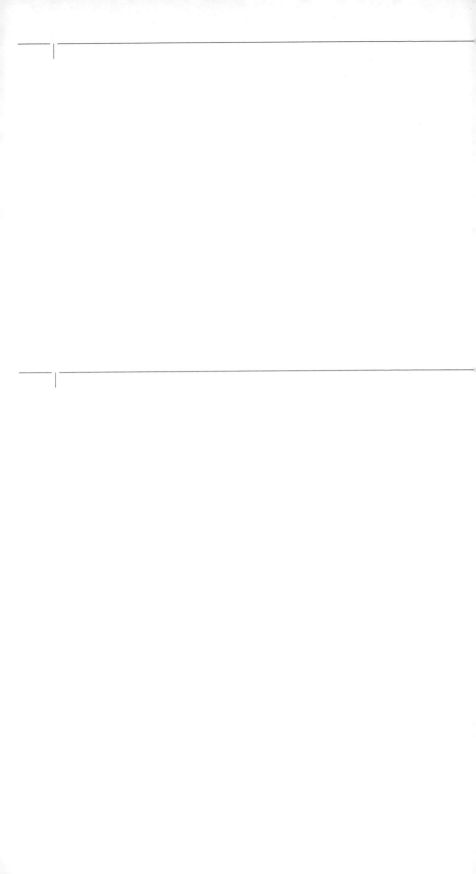

Rückzüge 1944

Das Marschbataillon, das in *Sonthofen* zusammengestellt wurde, hatte als Spieß unseren Hauptfeldwebel Otto Baumann, der mir 1941 das Leben gerettet hatte – ein guter Anfang für diesen zweiten Ausmarsch.

– Warme Frühlingsregen gingen nieder, als wir wieder durch das schöne, diesmal im Schmuck der blühenden Obstbäume prangende Oberdonaugebiet rollten. Vorbei an *Stift Melk* und *Wien* erreichten wir *Budapest*, dessen durch das Schloß überragte Stadtbild mit seinen schneeweißen Mauern sich mir unvergeßlich einprägte. Nach *Szolnok* verlangsamte sich das Tempo unseres Zuges merklich, bald gab es immer wieder stundenlange Aufenthalte. So konnte man die fremdartige Landschaft in sich aufnehmen: Riesige Viehherden, um Ziehbrunnen geschart, waren die einzige Unterbrechung der weiträumigen *Pußta*landschaft, und merkwürdig muteten uns die vielen langhaarigen schwarzen Schweine an, die wir im Anfang für Schafe hielten. Von den Bahndämmen grüßten nickende Königskerzen und gelbes Leinkraut, in allen Hecken tummelten sich die Vögel.

– Wir «Sani» hatten zusammen mit einigen Nachrichtenleuten und Pionieren den letzten Wagen des Zuges belegt, wir waren alle alte Marschierer mit langer Fronterfahrung. Kein Halt verging, ohne daß wir uns rasch etwas organisiert hätten: Milch, Eier, Obst, alles war von den Einwohnern wieder gegen Zigaretten erhältlich.

– Die Strecke von *Großwardein* nach *Klausenburg* gehört zum Schönsten, was ich je sah. Wildromantische Bergschluchten wechselten ab mit Tunnels, an deren Ausgang sich prächtige Fernblicke boten. Einmal liefen die Gleise ganz nahe neben, dann wieder hoch über dem wildschäumenden *Maros*. Den Hintergrund bildeten die maiengrünen Buchenwälder, durchsetzt mit blühendem Weißdorn und wilden Kirschblüten – die Schönheit einer friedlichen Welt wurde uns noch einmal vor Augen geführt, ehe wir wieder der Front ausgeliefert wurden.

– In *Sachsregen* (heute existiert wohl keiner dieser Ortsnamen mehr: Ich gebe sie hier so wieder, wie ich sie mir damals aufschrieb!) wurde das Marschbataillon ausgeladen und das Marschieren begann; ich war froh, daß die Bahnfahrt mit ihrer Enge und Unbequemlichkeit zu Ende war. Es waren Nachtmärsche befohlen, und schon in der ersten Nacht sollte eine Strecke von mehr als 30 km bewältigt werden. Der Nachersatz bestand durchweg aus älteren, rasch eingezogenen Männern, die körperlich vielfach in schlechter Verfassung waren. Schon in der ersten Stunde des Marsches brach von der mir zugeteilten Kompanie der erste zusammen, ich schleifte den Bewußtlosen zum Straßenrand. Der Hauptfeldwebel, der als letzter hinter der Kompanie herritt, befahl mir, bei dem Mann zurückzubleiben und ihn der Kompanie nachzubringen. Da stand ich nun in der stockfinsteren Nacht neben dem schweratmenden, bewußtlosen Mann und war auf mich selbst gestellt. Nach einiger Zeit kam er wieder zu sich, und während ich ihm sein Gepäck mitschleppte, keuchte er mühsam neben mir die Serpentinen des Passes hinauf. Als wir gegen Morgen schließlich die Paßhöhe erreichten, hatte der Mann zehn schwere Asthma- und Herzanfälle hinter sich – das war nun Nachersatz für ein Gebirgsjägerregiment im Fronteinsatz! Tief unten am Fluß kampierte das Marschbataillon, gegen 5 Uhr morgens trafen wir dort ein. Ein Bad im eiskalten Fluß, ein warmes Essen von der Feldküche und ein paar Stunden Schlaf ließen mich die Strapazen dieser ersten Marschnacht rasch vergessen.

- Am folgenden Tag überschritten wir die damalige ungarisch-rumänische Grenze, nach erneutem vielstündigem Nachtmarsch erreichten wir *Ceahlau*, wo uns von der Feldgendarmerie das Rathaus, ein höchst ungemütlicher Steinbau, als Quartier angewiesen wurde. Die Herrschaft der Feldgendarmen war nirgends zu übersehen, immer wieder rasten die Kettenhunde im Auto vorüber, und immer wieder hielten sie Appelle ab, wobei endlose Litaneien verbotener Dinge und die darauf gesetzten Strafen verlesen wurden. So war es beispielsweise verboten, sich mehr als 100 m vom angewiesenen Quartier zu entfernen, jeder Kontakt mit der Zivilbevölkerung war streng untersagt, ebenso jedes Kaufen oder Tauschen von Eßwaren, und was dergleichen Dinge mehr waren.

- Wir quittierten das alles mit höhnischem Lächeln – das sollte uns nicht hindern, uns die Gegend gründlich anzusehen. Am interessantesten erschienen uns die zahlreichen Zigeunersiedlungen. Waren wir von Rußland her schon einiges gewöhnt an Unsauberkeit und Verwahrlosung – das hier spottete jeder Beschreibung. In und vor jeder Hütte balgten sich scharenweise Kinder jeden Alters, die buchstäblich im Unflat wühlten, auf alten Kisten saßen zahnlose, zerlumpte Männer, uralte hexenhafte Weiber, denen die schlaffen Brüste aus den Fetzen ihrer Kleider hingen, dazwischen wieder huschten bildhübsche, glutäugige Mädchen, deren bräunliche Haut

einladend durch die zerschlissenen Kleider schimmerte und die jedem Soldaten schmachtende Blicke zuwarfen.
- Beim Weitermarsch sahen wir in den bergigen Gegenden schöne und bunte Trachten, die Männer trugen enge, weiße Beinkleider, flatternde, weitärmelige Leinenhemden mit bunten Stickereien, die Frauen bunte handgewebte Röcke. Die Häuser waren im Gebirge sauber und mit Schindeln gedeckt, jedes Haus besaß einen von Holzsäulen getragenen, überdachten Vorbau, und oft zierten Haus und Zäune reiche Holzschnitzereien. Es ging der *Bistritza* entlang, einem schäumenden Bergfluß, wir erreichten *Bicaz* und nach weiteren Nachtmärschen *Pjatra néamt*, eine malerisch in einem Talkessel gelegene Stadt, mich fast ein wenig an Salzburg erinnernd. Hier wurden wir erneut in einen Zug verladen, der nach Osten dampfte, offenbar brannte es an der Front wieder einmal, wenn man uns nicht weitermarschieren ließ. Wohin würde es uns diesmal verschlagen?

Allmählich nahm die Landschaft wieder den sattsam bekannten Charakter des Ostens an: Weite baumlose Ebenen, ein öder, weiter Horizont, und nur selten einmal ein Flußlauf, der sich vom flachen Land kaum abhob. Nahe *Galatz* sahen wir die Donau – der mächtige, kilometerbreite Strom hatte nicht mehr als den Namen mit dem Flüßchen gemeinsam, das unsere Heimat durchströmte! Wie weit waren wir schon wieder von dort entfernt! Durch einen dienstlichen Gang kam ich auch in die Innenstadt von Galatz. Ich war erstaunt über den Luxus und die Größe dieser vom Krieg kaum berührten Stadt, das Leben und Treiben war laut und bunt. Nur die Kirchen, die wie Moscheen erschienen und es vielleicht auch waren, erinnerten daran, wie weit man sich in fremden Landen befand.
- In der *Bessarabischen Steppe*, durch die die Weiterfahrt ging, saßen auf den Telegrafenmasten unzählige Blauracken; viele nahmen anfangs ernsthaft an, diese ungewohnt bunten Vögel seien Papageien oder Wellensittiche, so schimmernd war ihr Gefieder. Bahnhöfe gab es in dieser Gegend – wir fuhren über *Bolgrad* und *Taraglia* – keine mehr, nur noch kleine «Balkas» mit wenigen halbverfallenen Lehmhütten in der Nähe.
- Am 26. Mai wurden wir nahe dem Stabsquartier der 4. Gebirgsdivision in *Merenji* ausgeladen. Die wenigen Kilometer bis zur HKL, die den *Dnjestr* entlang verlief, waren rasch zurückgelegt, und mit einem unbeschreiblich heimatlichen Gefühl machte ich die Runde

bei meinem alten Haufen – eine erstaunlich große Zahl von alten Kameraden aus den Jahren 1941/42 war noch oder wieder da. Wenige Tage vorher hatte der Russe einen von unserem Regiment gehaltenen Brückenkopf jenseits des Dnjestr durch einen nächtlichen Panzerangriff aufgerollt und alle deutschen Einheiten über den Fluß zurückgeworfen. Das Bataillon hatte schwere Verluste erlitten, zahlreiche Kameraden hatten sich nur nackt über den Fluß schwimmend eben noch retten können. Alle diese und die vorausgegangenen Ereignisse erfuhr ich nun im Gespräch mit den alten Kameraden.

- Die Stellung des Bataillons lag in einer v-förmigen Schleife des Dnjestr östlich von *Kischinew*. Entlang des Hochufers zogen sich weitverzweigte und tiefe Grabenstellungen hin, mit einem Netz unterirdischer Bunker, in denen wir nun hausten. Im Lauf der Zeit erhielten diese Bunker eine märchenhafte Ausstattung: Bänke und Tische wurden verfertigt, die Wände wurden mit handgewebten roten rumänischen Teppichen austapeziert, überall lagen Kissen, jeder machte sich ein Vergnügen daraus, von den Gängen in die rückwärtigen Dörfer etwas mitzubringen. Ich wurde meinem alten Zug als Sanitätsdienstgrad zugeteilt und hatte bald mehr als genug zu tun: Die tägliche Revierstunde mußte abgehalten werden, Furunkel und kleine Verletzungen gab es zu verbinden, die Entlausung, jetzt mit neuartigen Insektiziden perfektioniert, war zu überwachen, und auch unangenehme Aufgaben gab es genug: Immer wieder schwemmten von den vorausgegangenen Kämpfen her tote Menschen und Pferde ans Ufer, die ich nachts zu bergen hatte, auch das war eine Aufgabe der Sanitäter. Mit Stricken ausgerüstet, schlich ich nachts im spärlichen Mondschein mit zwei Kameraden zum Fluß hinunter, man legte Schlingen um die Leichen und Kadaver, die fortwährend leise blubbernde Geräusche von sich gaben und oft auf das Mehrfache ihres Volumens gedunsen erschienen, und hievte sie an Land, um sie dann mit Panjepferden wegzuschaffen.

- Die Flußufer waren von dichten Auenwäldern bestanden, die sich an manchen Stellen zu einer Parklandschaft auflockerten und jetzt im Frühsommer einer einzigen großen Gartenlandschaft glichen. Noch war das Obst nicht reif, aber überall hingen die Bäume schon brechend voll mit grünen Früchten aller Art. Die Hitze nahm zu, der Lärm von Fröschen und Sumpfvögeln schrillte in den feuchtigkeitsgeschwängerten Abenden, an denen man auch wegen der Mücken-

und Schnakenplage kaum Ruhe fand. Im Juni begann die Hitze erdrückend zu werden, sie vibrierte über dem Fluß, die Auen schienen vollgesogen mit Feuchtigkeit und Dampf, und unermüdlich klang der glockentönige Pfiff des Pirols durch die Waldungen: Abends gingen oft schwere Gewitter nieder, ohne aber Kühle und Linderung zu bringen. Ein Kapitel ganz besonderer Art aber bildeten die Nachtigallen. Zu Hause ein lieblicher, seltener Vogelruf, geschaffen für die Liebenden im Mai, war das Geschrille dieser Vögel, die zu Abertausenden in den Bäumen hockten, eine nächtliche Nervensäge, und mehr als einmal wurde ein Kasten MG-Munition quer ins Gelände verschossen, nur um den Ohren einige Minuten Lärmpause zu verschaffen. Allmählich gewöhnten sich aber die Vögel an die Schießerei und verstummten nicht einmal mehr dann.

Mitte Juni traf eine Menge Nachersatz ein, alles Jahrgang 1925, lauter gutausgebildete, nette, kräftige junge Männer, eine Freude und ein Gewinn für die Kompanie. Mit der zunehmenden Hitze kam es allerdings auch zu einem lawinenartigen Auftreten von Fieber und Durchfallerkrankungen – ich hatte oft alle Hände voll zu tun. Oftmals mußte ich Kranke nach *Dubosari* zurückgeleiten, wo unser HV-Platz war. Die ertötende Hitze über diesem von Zivilisten geräumten, toten Ort, über dem immer ein süßlicher Geruch von verwesenden Kadavern und von beißendem Rauch lagerte, und in dem nur Kamillen zwischen den Trümmern der Lehmhütten blühten, war infernalisch, und ich war jedesmal erlöst, wenn ich in meine *Dnjestrauen* zurückkehren durfte. Doch hatten diese Dienstwege ein Gutes für mich: Im HV-Platz konnte ich mich immer wieder mit Verbandsmaterial, mit Tabletten und Salben eindecken, was alles auf dem offiziellen Dienstweg nicht zu bekommen war. Entweder gaben mir befreundete Sanis etwas ab, oder ich stahl das Notwendige in der frechsten Weise, ich «organisierte», ohne mir ein Gewissen daraus zu machen: Alles war Eigentum der Deutschen Wehrmacht, und ich tat es nur für meine Kameraden. Ich wurde auch nie erwischt.

Im Juli wurden als erstes die Maulbeeren reif, merkwürdige, brombeerartig aussehende Früchte von würzigem Geschmack. Es gab weiße, rote und schwarze mit ganz verschiedenem Aroma, und bald hatte jeder «seinen» Baum, ich selbst bevorzugte die schwarzen und führte mir jeden Tag ein Kochgeschirr voll zu Gemüte.

- Dadurch, daß unsere Bunker metertief unter der Erde lagen, waren sie zwar weitgehend beschußsicher, dafür floß aber das Wasser in Strömen herein, wenn es einmal regnete. Doch war das Herausschöpfen des Wassers kein Problem, da es ja warm war und man nackt arbeiten konnte. Ich lag im Zugbunker, zusammen mit dem Zugführer, einem erfahrenen Oberfeldwebel, und dem Zugtruppmelder, «Xare» Eiglmeier, einem rauhen, durch nichts zu erschütternden Niederbayern von reinstem Schrot und Korn, den ich schon von 1941/42 her gut kannte. Eines nachts weckt mich ein Geräusch, eine Kerze wird entzündet und ich sehe den Oberfeldwebel mit der entsicherten Pistole in der Hand stehen, mein erster Gedanke: Der Russe ist in die Gräben eingebrochen! Auch ich reiße meine Pistole an mich und springe auf – und nun erst begreife ich die Situation: Eiglmeier, der bestimmt noch nie vor einem Russen gezittert hatte, liegt ängstlich an die Wand gepreßt auf seiner Pritsche, und vor ihm sitzt, dick aufgeblasen und glotzäugig, eine riesige Kröte und starrt ihm in die Augen! Sie war von der Decke herab zuerst dem Zugführer und dann Eiglmeier aufs Gesicht gesprungen, und während ersterer nun erwog, ob er sie mit der Pistole erschießen solle, griff ich sie und beförderte sie mit Schwung nach draußen. Ein anderes Mal sprang während unseres Abendessens eine ebenso dicke und glitschige Kröte von der Decke in den offen dastehenden, dampfenden Teekanister, ein wenig einladender Gast.
- Die Verpflegung war in diesen Sommermonaten ausgezeichnet, es gab Fleisch, Obst, Wein, ja sogar Gebäck in jeder beliebigen Menge; man spürte, daß sich die Truppe aus dem Land verpflegte und daß es ein reiches Agrarland war, in dem man aus dem Vollen schöpfte. Unermüdlich im zusätzlich Organisieren war Xare Eiglmeier. Eines Abends brachte er, sorgsam in einem Korb verpackt, eine junge Ente mit, die er von Stunde an zärtlich pflegte und nie aus den Augen ließ. Auch wir anderen überboten uns, dem lieben Tierchen das beste Fressen zu verschaffen, wollten wir sie doch zu gegebener Zeit gemeinsam verspeisen.

Unsere Kompanie wurde ausersehen, am 13. Juni einen Stoßtrupp über den *Dnjestr* zu machen. Der Auftrag lautete, unter allen Umständen mindestens einen Gefangenen einzubringen, von dem man Art, Umfang und Ausrüstung der gegenüberliegenden Truppen in Erfahrung bringen wollte. Bei Eintritt der Dunkelheit sammelten wir uns

– es war eine völlig mondlose Nacht – bei den Schlauchbooten, die uns über den Fluß bringen sollten. Wir Teilnehmer des Stoßtrupps hatten sämtliche Abzeichen von den Uniformen entfernt und waren alle, auch ich als begleitender Sanitätsdienstgrad, schwerbewaffnet. Das Übersetzen gelang planmäßig und lautlos, und vorsichtig arbeiteten wir uns bis zum gegnerischen Drahtverhau vor, bis wir das laute, unbekümmerte Sprechen der Russen hörten und der Geruch des unvermeidlichen Machorka uns in die Nase zog. Um halb ein Uhr gab der Leutnant das verabredete Blinkzeichen mit der Taschenlampe. Schlagartig öffnete sich hinter uns im Halbkreis die Erde, ein Feuerorkan aus sämtlichen Geschützen und Granatwerfern des ganzen Abschnitts brüllte los, alles auf das vor uns liegende Grabensystem. Mit dem Einschlag der ersten Geschosse, die dicht über uns wegzischten, erfolgte unser massierter Handgranatenwurf und der Einbruch in den Graben, indem wir den Drahtverhau übersprangen. Kaum eine Minute später ertönte der für die Gefangennahme eines Russen verabredete Schlachtruf «Barcelona!». Wir eilten zurück und sprangen in die Schlauchboote, schon wollten sie ablegen, da ertönte der Ruf: «Oberjäger Keller fehlt!», kaum vernehmbar in dem Feuerlärm, der immer noch auf der feindlichen Stellung liegt. Eine rasende Wut packte mich: Keller, mit dem ich seit 1941 zusammen in der Kompanie war, der mir als einziger aller Stoßtruppteilnehmer näherstand, sollte vermißt sein? Das kam nicht in Frage! Mit zwei, drei anderen sauste ich noch einmal zurück in das feindliche Grabensystem, weiter vordringend als vorher die ersten von uns. Wir konnten aber keine Spur des Vermißten finden und mußten, nachdem das eigene Feuer zurückverlegt wurde und die ersten MG-Salven des aus seiner Erstarrung erwachenden Russen gegen das Ufer klatschten, zurückgehen. Erst am jenseitigen Landungsplatz der Schlauchboote erfuhren wir, daß Keller, gleich zu Beginn verwundet, sofort übergesetzt worden war, ohne daß dies von uns bemerkt worden war. Nun erst begann die Sache Spaß zu machen, wir waren alle erleichtert, und am meisten ich als Sanitäter, daß das Unternehmen ohne eigene Verluste gelungen war.

– Und die Reaktion von oben? Eine kühle Anerkennung vom Regiment: «Nur ein Gefangener? Keine Ausfälle?» Das konnte ja keine besondere Leistung darstellen. Hätten wir zehn Tote und Schwerverwundete zurücklassen müssen, es hätte sich ein reicher

Ordenssegen auf uns ergossen. So bekam der Leutnant das für ihn vorgesehene EK I (wohl für das Blinkzeichen, das er gegeben hatte), zwei weitere erhielten das EK II angeheftet, und alle anderen einschließlich mir gingen wieder leer aus. Einige Flaschen Wodka waren das einzige, was man für uns übrig hatte, und so gab es einen feuchtfröhlichen Abend in unserem Zugbunker, damit war die Sache erledigt.

– Am 17. Juli wurde unser Oberfeldwebel nach *Dubosari* befohlen. Als er zurückkehrte, erzählte er uns, er sei ins Reich abkommandiert, zu einem Offizierslehrgang; wir waren darüber sehr traurig, denn erfahrungsgemäß kam nichts besseres nach. Zugleich berichtete er aber, wir würden in wenigen Tagen ohnehin aus der *Dnjestr*-Stellung abgelöst. Das schlug ein wie eine Bombe! Nun hatten wir Monat um Monat an den Stellungen gebaut, die Bunker mit allem nur Erdenklichen ausstaffiert, und da nun alles fertig war, das reinste Sanatorium, sollten sich Fremde in das gemachte Nest setzen? Wir waren wieder Zivilisten geworden und dachten in bürgerlichen Kategorien. Mars hatte uns eine Atempause gegönnt.

– Am 21. Juli erreichte uns der erwartete Absetzbefehl. Zu dritt blieben wir zurück, um die ablösende Einheit – es handelte sich um eine preußische Infanteriedivision – in die Stellungen einzuweisen. Einer von uns dreien war Oberjäger Rudolf Fischer, der mit mir zusammen als Nachersatz im Herbst 1941 zur Kompanie gekommen war; er übernahm nun anstelle des scheidenden Oberfeldwebels den Zug. Wir waren alle sehr erleichtert über diese Lösung, schätzten wir ihn doch alle wegen seiner unerschütterlichen Ruhe und vorbildlichen Kameradschaft. Als dritter war Sepp Kramer mit von der Partie, mein bester Freund, ein immer lustiger Allgäuer. Beim Einweisen der fremden Kompanien hatten wir uns immer wieder angesehen und die Köpfe geschüttelt: Daß es einen derart zackigen, kasernenhofmäßigen Ton an der Front des 5. Kriegsjahres noch gab, hatten wir nicht geahnt. Da knallten in einem fort die Hacken, da hieß es unaufhörlich: «Jawoll, Herr Gefreiter!», «Zu Befehl, Herr Obergefreiter!», nun, wir waren ja doofe Bayern und konnten das nicht so recht verstehen.

– Es war eine sehr dunkle Nacht, als wir drei uns nach Abschluß der Übergabe auf den Weg durch die finsteren Flußauen nach *Dubosari* machten. In einem umzäunten ehemaligen Gutshof fanden wir die Kompanie. Ein buntes Bild bot sich uns, als wir durchs Tor traten:

Überall standen im Schein der rasch entzündeten Feuer Gruppen von Soldaten, die den Mulis das Gerät auflasteten; diese, störrisch vom langen Stehen und des Tragens entwöhnt, wieherten hell, schlugen aus und versuchten sich loszureißen, Gerät klapperte, Lachen schlug uns ans Ohr und zwischendurch hörte man die helle befehlende Stimme des Hauptfeldwebels. Nun begann das Landsknechtsleben wieder! Das Schöne aber war: Jedes Gesicht, das im rötlichen Feuerschein auftauchte und wieder verschwand, war bekannt und vertraut, jeder kannte jeden – wir waren ein Ganzes, eine Familie, die 12. Kompanie. Keiner wird das verstehen, der es nicht selbst erlebte.

– Am frühen Morgen marschierten wir ab. Während des Marsches hielt sich hartnäckig das Gerücht, das wir schon von den Preußen am Dnjestr vorne gehört hatten, daß nämlich im Führerhauptquartier ein Attentat verübt worden sei, daß die Generalität meutere und dergleichen mehr. Fast jeder von uns enthielt sich einer offenen Stellungnahme, nur Xare Eiglmeier sagte laut und ungeschminkt seine Meinung: «Hoffentlich haben sie den millionenfachen Mörder endlich umgelegt, dann ist doch der Saukrieg bald zu Ende!»

– Ein Junger vom Nachersatz, im Zivilberuf HJ-Führer, konterte: «Sowas zu sagen, wo unser Führer sich Tag und Nacht abmüht, gerade für uns kleine Soldaten!»

– Aber da kam er bei Eiglmeier gerade an den Rechten. Er solle sein Maul halten, junge Rotznase, auf ihn habe man gerade gewartet, und es folgte eine Flut von niederbayerischen Kraftausdrücken, daß der Jüngere verschüchtert schwieg.

– Gegen Mittag hielt die Marschkolonne, es wurde angetreten. Der Regimentskommandeur gab bekannt, daß ab sofort in der Wehrmacht nicht mehr durch Handanlegen an die Mütze, sondern mit erhobenem Arm und «Heil Hitler» gegrüßt werde. Daß Hitler bei dem Attentat davongekommen war, wußte man inzwischen auch. Den meisten Offizieren sah man ihren Widerwillen bei Bekanntgabe der neuen Grußform mehr als deutlich an. Nur der NS-Führungsoffizier des Bataillons, ein junger, fanatischer Leutnant, trat vor und hielt mit sich überschlagender Stimme eine Ansprache in Goebbels'schem Stil über die gnädige Fügung, die göttliche Vorsehung und über den Kampf gegen alle Feinde und Miesmacher, der jetzt beginne.

- Am nächsten Tag erwartete uns eine LKW-Kolonne und verlud uns, vorher hatten wir alle überflüssige Habe in Säcken verpackt abzugeben. Wir lagen noch einige Stunden in einem Akazienwäldchen, wir schliefen und dösten, tiefblau war der Himmel, der durch das symmetrische Filigrannetz der hellgrünen Blätter zu uns durchschimmerte. Gegen Abend ging es in rascher Fahrt nach Westen. Wir fuhren die Nacht durch, der Staub der rumänischen Straßen verdunkelte den strahlenden Sternenhimmel. Am folgenden Abend erreichten wir wieder *Pjatra néamt*, die schöne Stadt mit dem Hintergrund der waldigen Karpaten. Die Weiterfahrt über den großartigen *Catrinatepaß* enthüllte uns nicht nur die Bergschönheit der Karpaten in unvergeßlicher Weise, sondern zeigte uns auch immer wieder die jahrhundertealte Kultur der Städte und Dörfer: Überall waren an den Häusern farbige Ornamente, bodenständige Schnitzereien und Mosaiken zu sehen, vieltürmige Kirchlein ragten im Wald, und überall zeigten sich wieder die bunten Trachten auf Straßen und Wegen.
- Über *Borsa*, *Petrova* und den landschaftlich gleichfalls wunderbaren *Stiolpaß* ging die Fahrt weiter nach *Maramarosziget, Ökormezö, Toronja* und nach *Wiszkow*, nur wenige Kilometer von der polnischen Grenze entfernt. Hier wurden wir mitten im Wald ausgeladen und die LKW-Kolonne verschwand. Im nahegelegenen *Ludwikowa* bezogen wir Quartier in einer alten Scheune, wir waren müde von der weiten Fahrt und die meisten schliefen sofort ein.
- Wohl als einziger war ich noch wach, als der Kompaniechef nach Mitternacht von einer Offiziersbesprechung zurückkehrte. Die Holzwände des mir benachbarten Bretterverschlages waren so dünn, daß ich jedes Wort verstand, das er mit dem Hauptfeldwebel nun sprach: Das Bataillon habe am nächsten Morgen in unübersichtlichem Gelände anzugreifen und einen Geländeabschnitt zurückzuerobern, den die Ungarn tags zuvor den Russen hätten überlassen müssen. Es war also wieder einmal soweit. Neben mir schliefen Rudl Fischer, Hans Wittreich, Sepp Kramer – ich konnte beruhigt auch einschlafen. Was ich denn auch tat.
- Schon um 3 Uhr war Wecken. Es wurden Eiserne Rationen für mehrere Tage ausgegeben, alles im mindesten überflüssige Gepäck hatte in Ludwinkowka zurückzubleiben. Nach zwei Stunden Marsch durch ein enges Waldtal erreichten wir die Ausgangsstellung für den befohlenen Angriff. Unsere Kompanie sollte zunächst längs der Straße einen Steilhang vom Feind säubern und dann auf den nahen

Ort *Zacla* vorstoßen. Über riesige Felstrümmer und umgefallene Baumstämme, durch Urwaldgelände, arbeiteten wir uns mühsam vor. Ich hatte das Pech, mit beiden Beinen in einen tiefen Wildbach abzurutschen, sodaß ich bis zu den Oberschenkeln völlig durchnäßt war, was das Gehen weiter erschwerte. Plötzlich hebt Rudl Fischer die Hand, wir erstarren alle, er zeigt nach unten: Unter uns liegen etwa 30 Russen entlang der Straße in einer Stellung. Das laute Rauschen des Wildbachs verbarg ihnen unsere Anwesenheit. In diesem Moment löste sich bei einem der Unsrigen ein Schuß, damit war die Überraschung vorbei. Die Russen flüchteten blitzschnell und sammelten sich am Hinterhang. Gewehrschüsse peitschten durch den Wald, Maschinengewehrgarben zerfetzten das Unterholz, und nur langsam konnten wir uns weiter vorarbeiten. Plötzlich sehe ich, wie der neben mir gebückt vorgehende Kamerad nach vorne zusammenbricht und regungslos liegenbleibt. Ich eile hin, beuge mich zu ihm und will ihn auf den Rücken drehen, um zu sehen, was los ist – da höre ich, fast unbewußt, links von mir ein leises Geräusch, reiße den Kopf herum – und sehe, keine 7 m entfernt, hinter einem Baum einen weißhaarigen Russen liegen und auf mich zielen. Ich lasse mich nach links zu Boden fallen, im gleichen Moment spüre ich zusammen mit dem Knall seines Schusses einen harten Schlag an der Hüfte. Inzwischen waren Eiglmeier und zwei andere von oben gekommen und versuchten nun ihrerseits den Russen zu erledigen, doch in diesem Moment ertönte das bekannte *«Urräh»*, und wir mußten uns schleunigst bis an den Wildbach zurückziehen, wo wir hinter den Felsblöcken wieder Deckung fanden. Ich lag mit Rudl Fischer hinter einem solchen Granitblock, als dieser mich plötzlich fragte: «Was ist eigentlich mit deiner Gasmaskenbüchse los?»

– Ich drehe sie nach vorne: Auf der einen Seite war ein kleiner Einschuß, auf der anderen Seite ein riesiges Loch. Der Russe hatte mir aus kürzester Entfernung die Gasmaskenbüchse zerschossen – hätte ich mich den Bruchteil einer Sekunde später zur Seite fallen lassen, so hätte der Schuß mir die Wirbelsäule zerschmettert.

– Stundenlang lagen wir hinter den Felsblöcken, immer wieder krachten die Schüsse, ohne daß wir einen der Gegner ausmachen konnten. Von den Nachbarkompanien war nichts zu sehen noch zu hören, wir wußten nicht, ob der Russe nun nicht seinerseits ein Umgehungsmanöver einleitete ... Endlich, nach Mittag, fuhren auf der Straße einige deutsche Pakgeschütze auf und zwangen durch direkten Beschuß die Russen zur Flucht. Jetzt endlich konnte ich Schuhe und Strümpfe ausziehen und mich trocknen, das tat gut. Der Gefallene wurde geborgen, er hatte einen Herzschuß. Am Spätnachmittag erreichten wir *Zacla*, und hier bot sich uns ein erschreckendes Bild: Reihenweise lagen die deutschen Gefallenen am Straßenrand, zahllose Verwundete stöhnten in den Höfen der kleinen Häuser, die Erstürmung dieses Ortes hatte enorme Ausfälle gekostet. Rudl Fischer ging neben mir diese Parade des Grauens entlang, seine Mundwinkel zogen sich nach unten: «Der Krieg ist der Vater aller Dinge», sagte er in seiner trockenen Art, «und wer ist die Mutter?»

- Wir bezogen am Ortsrand von Zacla Stellung, die Nacht wurde sehr unruhig. Fortlaufend griff der Russe die Flanken der Ortschaft an, dauernd blitzte vor uns der Feuerschein der schweren Geschütze auf und die Granaten sausten dicht über uns weg und krepierten mit hohlem Krachen im Ort. Wir lagen in unsere rasch geschanzten Löcher gepreßt, und doch hatte ich ein tröstliches Gefühl der Sicherheit: Links von mir lag Rudl Fischer in seinem Loch, rechts von mir Hans Wittreich und Sepp Kramer mit ihrem MG – solange wir vier am Leben und unverwundet waren, konnte nichts Ernsthaftes passieren.

- Zwei Tage hielten wir Zacla gegen die anbrandenden Angriffe, dann wurde die Kompanie herausgezogen und wir marschierten wieder gebirgswärts. Nach mehrstündiger anstrengender Kraxelei erreichten wir den Kamm der *Lyssa*, einen breiten, mit Mischwald bestandenen Bergrücken, den bisher die Ungarn besetzt hielten und nun nicht mehr halten zu können behaupteten. Nach allen Seiten bot sich in durchsichtiger Klarheit die Fernsicht auf die dunkelgrünen Karpatenketten, aus deren welligen Formationen nur hie und da ein Felsgipfel ragte. Schmetterlinge torkelten durch die Sommerluft, Glockenblumen nickten überall, die Heuschrecken zirpten ohne Ende und der Ruf des Eichelhähers drang über die Lichtungen. Vor allem aber gab es rings um die Stellungen Heidelbeeren von unvorstellbarer Zahl und Größe, blaue Meere von Beeren – das bedeutete eine erwünschte Zusatzverpflegung zu unseren schon wieder recht schmalen Eßrationen. Zunächst wurden nun die etwas dürftigen ungarischen Stellungen in einen gefechtsfähigen Zustand gebracht; es wurde uns bald bewußt, daß der landschaftlich so romantische

Bergrücken auch seine großen Nachteile hatte: Von allen Seiten frei eingesehen und zugänglich, lagen wir auf ihm wie auf einem Präsentierteller vor dem herandrängenden Feind. Bald massierte sich das Feuer der russischen Granatwerfer und Artillerie auf uns, und wir wußten uns nur so zu helfen, daß wir uns unter die großen Felsblöcke eingruben, die in großer Zahl auf dem Hochplateau herumlagen und wenigstens einen relativen Schutz boten. Den Stellungsbau dieser Art trieben wir nach altbewährtem Rezept dadurch voran, daß wir Handgranaten unter die Felsblöcke legten und abzogen – dabei passierte mir das Mißgeschick, daß mir der rechte Kleinfinger fast abgequetscht wurde, eine wenig kriegsmäßige und recht überflüssige Verletzung.

– Mehr und mehr schien der Russe fest entschlossen, die beherrschende Höhenstellung in seinen Besitz zu bringen und mehrmals arbeiteten sich die Rotarmisten bis auf wenige Meter an unsere Stellungen herauf. Doch gelang es uns jedesmal, sie den Berg wieder hinunterzuwerfen, wobei allerdings wieder mehrere von uns verwundet wurden und fielen. Bei einem dieser Angriffe wurde auch unser Kompaniechef, Oberleutnant Foster, der die Kompanie nun viele Monate lang geführt hatte, verwundet und mußte sich nach hinten begeben – ein schwerer Schlag für uns alle! Wer würde der Nachfolger dieses tüchtigen und maßvollen Offiziers werden?

– Am Abend dieses Tages, es war der 10. August, hatte die Kompanie weitere schwere Ausfälle, immer wieder griff der Russe an. Wir gerieten allmählich in eine depressive Stimmung: Es war ja leicht einzusehen, daß, blieben wir hier, in absehbarer Zeit wir alle aufgerieben sein würden; es genügte dazu, daß der Russe tagsüber massiertes Feuer auf den Lyssa-Gipfel legte und uns täglich einige Ausfälle beibrachte. Unsere Stimmung verbesserte sich keineswegs, als am nächsten Morgen der neue Kompanieführer, Leutnant Schock, bei uns eintraf – die ihn schon kannten, schlugen ein Kreuz, er stand in dem Ruf, unberechenbar und eitel zu sein. Vorerst saß der neue Chef allerdings Tag und Nacht im tiefverhängten Kompaniebunker am Hinterhang und schrieb an einem Kriegstagebuch, das er laufend dem Kompanietrupp vorlas und das seine Heldentaten verherrlichen sollte – in die Stellung kam er in den ersten Tagen nicht ein einziges Mal. Wie immer sich im Leben Gutes mit Schlechtem mischt, besuchte uns am gleichen Tag auch der Bataillonsarzt, Dr. Kleinschmidt. Ein Hüne von Gestalt, trug er immer eigenhändig seine große Arzttasche bei sich, und wir hatten, wenn wir wußten, daß sein HV-Platz in unserer Nähe war, immer ein gutes Gefühl, waren wir doch seines Könnens und seiner Einsatzbereitschaft immer sicher. Denn als schlimmstes Schicksal stand in diesen letzten Kriegsjahren jedem immer die Möglichkeit drohend vor Augen, verwundet zurückgelassen zu werden! Nur zu oft hatte man es in den sich überstürzenden Rückzugskämpfen erlebt, daß einen selbst die besten Kameraden nicht mehr bergen konnten, weil die feindliche Übermacht zu groß war und nur noch eilige Flucht das Leben retten konnte.

– Am 17.8. häuften sich die Feuerschläge der Russen derart, daß uns klar wurde, daß nun bald der entscheidende Angriff erfolgen würde. Am Spätnachmittag ging nochmals ein eigener Spähtrupp in den Wald hinunter, um uns zu orientieren. Es war eine Feuerpause, und wir lagen entspannt in den Löchern, als plötzlich Schüsse knallen und lautes Geschrei zu hören ist. Wir alle fahren auf – und schon kommt einer der drei Obergefreiten, die den Spähtrupp durchführten, blutüberströmt über die Bergkuppe gelaufen. Ein Posten war von dem Spähtruppunternehmen nicht verständigt worden und hatte die den Berg heraufkommenden Kameraden für Russen gehalten, angeschossen und nur zu gut getroffen. Zwei starben noch auf dem Berggipfel an Lungenschüssen, das Blut sprudelte schäumend ins Gras, ich war machtlos. Den Leutnant kümmerte das Ganze wenig, er begnügte sich mit der Abfassung schwülstiger Briefe – «Heldentod für unseren heißgeliebten Führer» – an die Angehörigen.

– Nun erwarteten wir den Hauptangriff. Doch hatten wir wieder einmal Glück: Am 18.8. wurde der Berg von einer anderen Einheit übernommen, wir rückten ab. Wir verließen unsere «Lisa», wie wir den Berg getauft hatten, der uns mit seiner Fernsicht ans Herz gewachsen war und uns doch soviel Blut gekostet hatte. Wieviele solche blutgetränkte Berge haben wir in diesem Krieg hinter uns gelassen! Heute noch geht der Wind über die Lyssa, aber wer weiß dort noch von den Nächten, die wir durchwacht, von der Angst, die unser Herz bewegte, von dem Sterben der Männer, die sich dort unter die Felsblöcke duckten? Nur noch die Bäume wissen es, die dort wie je ihre mächtigen Kronen breiten, und der Wind, der in den Nächten über die Bergkuppen heult.

– Quer über die Berge ging es, durch urwaldiges Gestrüpp, einmal sah ich einen Wolf flüchten. Daß sich unser Leutnant schon nach einer Viertelstunde auf der Karte nicht mehr auskannte und wir hoffnungslos in die Irre liefen, verwunderte uns nicht, konnte uns kaum noch ärgern. Wir waren froh, keine Feindberührung zu erleben, und immerhin war der Weg voll Abwechslungen, durch Farn- und Blockwildnisse, über verborgen rauschende Gießbäche, manchmal metertief in dem moorigen Boden versinkend, aus dem tiefrote Gladiolen blühten und auf dem himmelblaue Nacktschnecken krochen, ein fremdartiger, märchenhafter Anblick!

Erst am späten Nachmittag erreichten wir nach unserem Irrgang die Straße, auf der wir nach weiteren zwei Stunden Marsch unseren Troß erreichten. Zwei Tage Ruhe – das tat uns gut! Wir hausten in Zelten am bewaldeten Hang oberhalb von *Ludwikowka*, wir badeten, wir rasierten unsere 14-Tages-Bärte, wuschen unsere Wäsche und faulenzten nach Herzenslust. Die warme Sommersonne lockte uns hinab in den Fluß, nackt liefen wir in die Strömung, die weißen, sonnenentwöhnten Körper glänzten im Licht, wir kletterten auf Felsen, spritzten und schrien wie die Kinder, sprangen wieder und wieder in die tiefe Strömung und ließen uns über den grünen Teppich der Wasserpflanzen gleiten. Die weißen, von der Sonne gebleichten Steine der Kiesbänke schimmerten noch weißer als unsere Körper. Man sah im schnellfließenden Wasser der tiefen Stellen nahe dem Ufer die Forellen stehen, große, farbige Fische, aber zum Fischen hatten wir kein Gerät. Am Nachmittag kam ein Melder: Eine Gruppe habe zu einem Sicherungsunternehmen abzurücken. Sepp Kramer war gerade erst Gruppenführer geworden, nach altem Soldatenbrauch bekam er den unerfreulichen Auftrag aufgehalst. Unter einmütigem Fluchen und Murren – «immer muß es uns treffen!» – zog die Gruppe ab, wir alle bedauerten sie, aber da war nun nichts zu machen.

Eine Stunde später, die Sonne stand schon tiefer, und wir dösten wieder in den Zelten oder unter den Bäumen, zog ein einsamer russischer Flieger über die Berge, wir hoben noch nicht einmal den Blick deswegen. Bis es plötzlich über uns zu rauschen begann – «Bomben!» konnte ich eben noch denken und mich an den Boden pressen, da krachte es schon ringsum von splitternden Ästen, mit infernalischem Geräusch detonierten die Bomben und zischten die Splitter durch die Bäume und das Unterholz. Ich bekam plötzlich einen harten Schlag in die rechte Schultergegend – und dann ist ebenso plötzlich wieder Ruhe. Ein kleiner Bombensplitter hatte mich erwischt, meine erste Verwundung, die dem Bataillonsarzt mit etwas Jod und einer Tetanusspritze ausreichend behandelt erschien. Sehr betroffen waren wir aber, als wir bei näherem Zusehen entdeckten, daß ein Bombenvolltreffer den Platz getroffen hatte, auf dem kaum eine Stunde vorher noch das Zelt der Gruppe Kramer gestanden hatte. Und auch die Gruppe machte sehr nachdenkliche Gesichter, als sie am nächsten Morgen vor dem schwarzen Trichter stand. Fügung oder Zufall?

- Der zweite «Ruhetag» begann schon morgens mit Waffenreinigen, mit Bekleidungsappellen, und sogar Exerzieren wurde angesetzt. Die Krönung des Tages bildete eine «Heldenehrung» in Ludwikowka, bei der unser Leutnant eine seiner berühmt-berüchtigten Ansprachen von sich gab. Unsere gefallenen Kameraden, die «Helden», hätten sich schönstens bedankt, hätten sie noch erfahren, daß ihre Kameraden ihretwegen geschunden wurden – denn nach der Heldengedenkfeier gab es noch ein unrühmliches, schikanöses Strafexerzieren, weil die Ehrensalve nicht zur Zufriedenheit geklappt hatte.

- Zur weiteren Betreuung kam am Abend ein Musikwagen der Division, auf dessen Geplärre wir hätten verzichten können, wir hätten lieber ausgeschlafen. Noch unerfreulicher war, daß Rudl Fischer wieder seine Gruppe übernehmen mußte – was ihm völlig egal war – und der Zug einem Berufssoldaten übergeben wurde, dessen Beförderung zum Feldwebel eben eingetroffen war. Hatten wir gehofft, daß dessen Ehrgeiz damit Genüge geschehen und sein schikanöses Verhalten zu seinem Zug sich etwas bessern würde, so hatten wir uns getäuscht: Stand er vorher auf dem Standpunkt: «Mein Zug wird geschliffen, weil ich befördert werden will!», so hieß es jetzt: «Mein Zug muß geschliffen werden, damit meine Vorgesetzten sehen, daß ich der Beförderung würdig war!» Und da das unseren derzeitigen Kompaniechef, Leutnant Schock, erfreute, hob sich seine Hand auch ganz besonders oft zum Hitlergruß, den wir, wenn irgend möglich, umgingen, etwa indem wir ein volles Kochgeschirr in der Hand trugen, wobei nun die bloße Kopfwendung als Gruß genügte. Die viele Post, die in diesen Tagen ankam, brachte mehr Unerfreuliches als Gutes: Die Heimat wurde überall von schwersten Fliegerangriffen heimgesucht, kaum einer, dessen Briefe nicht Schreckensnachrichten irgendwelcher Art enthielten.

– Am 24.8. traf bei uns die Nachricht vom Umsturz in Rumänien ein. Plötzlich sahen wir unseren oft verfluchten Abtransport aus dem Paradies der Dnjestrstellung in einem völlig anderen Licht: Wir hatten das Glück gehabt, aus dieser Mausefalle rechtzeitig entronnen zu sein! Von dort, aus dem östlichsten Teil Rumäniens, würde sich kaum mehr eine deutsche Einheit quer durch das nun feindliche Land durchschlagen können, wieviel weniger einzelne Versprengte! Daß mit diesem Ereignis auch die Zeit unserer Ruhe zu Ende war, erschien uns klar.

Schon am nächsten Morgen brauste die fast erwartete LKW-Kolonne an, auf die wir verladen wurden. Die atemlose Eile, mit der dies geschah, und die Geschwindigkeit, mit der die Kolonne sofort wieder abfuhr, machte den Ernst der Lage an der Front mehr als deutlich. Auf der nun schon wohlbekannten Route rasten wir nach Süden, zunächst über den Grenzpaß bei *Wyczkow*. Hier wurden die letzten Vorbereitungen für die baldige Räumung getroffen, an den Brücken wie an den Bäumen längs der Straße wurden Sprengladungen angebracht, überall errichtete man Sperren und Panzergräben. Bis *Huszt* ging es auf der alten Route, dann bogen wir nach Süden ab und erreichten am Abend *Szatmarnemeti* und später *Dés* und *Klausenburg*. Bei gelegentlichen Aufenthalten unterwegs konnten wir, nun im Besitz von viel Geld, da unser Wehrsold in *Pengö* ausgezahlt worden war, alles nur Erdenkliche einkaufen – Zigaretten, Obst, Süßwaren, gebackenes Fleisch wurde überall von der Bevölkerung an den Straßenrändern feilgeboten. Erstaunlicherweise war die Situation genau umgekehrt wie in Deutschland, wo die Menschen viel Geld hatten, es aber nichts zu kaufen gab – hier riß sich die Bevölkerung um Geld, weil niemand welches hatte, und zu kaufen gab es alles, was man sich wünschen konnte.

– In *Sachsregen*, uns schon bekannt vom Marschbataillon her, biwakierten wir unter dem hellen Sternenhimmel, nachts durften die LKW nicht fahren. Viele von der Kompanie verduftelen in die Stadt, wo es Mädchen und Wein in Hülle und Fülle gab; ich hatte dazu keine Lust. Ich schlief lieber. Nachts gab es mehrmals Fliegeralarm, das erste- und einzigemal, daß ich an der Front das der Heimat so wohlbekannte Heulen der Sirenen vernahm. Am Morgen war die halbe Kompanie rotweinverschleierten Blicks und total verkatert, und doch kreisten auf den LKWs bald wieder die Wodka- und

Rotweinbuddeln. Es war Sonntag an diesem 27.8. und ein strahlendes Wetter, die Fahrt ging entlang des rauschenden *Maros*, die Karpaten enthüllten uns noch einmal ihre ganze Schönheit. Über die Wasserscheide ging es nach *Madefalva* hinunter, und hier begegneten uns nun die ersten großen Rückzugskolonnen. Die Straßen waren unvorstellbar verstopft, Kolonnen und Trosse aller Art, motorisiert und bespannt, wühlten sich durcheinander, fluchend und schimpfend hieben die Fahrer auf ihre Gäule ein, allen ging es zu langsam. In offenen Kübelwagen saßen Zahlmeister aller Art, umgeben von glutäugigen Schönen, die seltsamsten Uniformembleme bekam man zu sehen. Der Bodensatz des Krieges war aufgewühlt.

– «Ob wohl diese ganzen Offiziersmatratzen mit heim ins Reich kommen?», meinte Rudl Fischer einmal fragend, als wir wieder an einem solchen gemischten Wagen mit sehr attraktiven Mädchen vorüberfuhren. Wir wußten es nicht. Mit großen Augen sah man uns an, die wir nach vorne fuhren statt nach rückwärts, also dem Strom entgegenschwammen. Über *Csikszereda* und den bezaubernden Waldpaß von *Tusnadfürdö* ging die Fahrt im Eiltempo weiter durch das fruchtbare Siebenbürgener Land; schon waren in der Ferne die Türme von *Kronstadt* zu sehen, da hieß es «Halt». Es hieß, Kronstadt sei bereits von Russen und Rumänen erobert und wir sollten es zurückgewinnen. Bald wurde aber dieser Befehl widerrufen, die Lage war so unklar wie nur je. Das focht uns nicht an: Wir schliefen erst einmal die Nacht durch auf dem sommerwarmen Boden friedlich und gut.

– Am Morgen wurden wir erst wieder einmal auf die uns nun schon wohlbekannte LKW-Kolonne verladen. Die Fahrt ging zur Abwechslung wieder einmal nach Norden, fast bis zur ungarischen Grenze nach *Kaszon-Ujfalu*. Dort wurde Halt geboten, die Kolonne kehrte wieder um und fuhr die gleiche Strecke nach Süden zurück – und dieses Spiel wiederholte sich an diesem Tag dreimal, am Abend endete die Hin- und Herfahrt im *Bereck*, wo wir ganz in der Nähe der vorhergehenden Nacht wieder kampierten. Am nächsten Morgen marschierten wir die gleiche Strecke nach Norden, wieder fast bis *Kaszon-Ujfalu*, in glühender Sonnenhitze und mit vollem Gepäck; fast waren wir dort angelangt, da kommt in rascher Fahrt der Kübelwagen des Regimentskommandeurs hinter uns her: «Alles Halt! Sofort umkehren!»

– Die Marschrichtung kehrte sich um und nach erneuten mehr als 20 km erreichten wir am Abend todmüde und total erschöpft wieder Bereck, von wo wir am Morgen losmarschiert waren. Viermal hatten wir in zwei Tagen nun die gleiche Strecke hin und her zurückgelegt, besser konnte die Verwirrung der deutschen Führung wohl nicht mehr dokumentiert werden. Wie oft war einem der Satz «Die deutsche Führung ist die beste der Welt» mit Goebbels'schem Pathos in die Ohren gehämmert worden! Nun, wir wußten es aus eigener Erfahrung.

– Ein Erfreuliches boten diese zwei Tage: In jeder Marsch- oder Fahrpause ergoß sich ein reicher Segen von Marketenderwaren auf uns. Immer, wenn Rückzüge erfolgten oder die Lage im Frontgebiet plötzlich kritisch wurde, wurden die örtlichen Verpflegsämter aufgelöst und die Köstlichkeiten, die einem vorher unerreichbar erschienen – Schokolade, Alkohol, Süß- und Rauchwaren – gelangten in solchen Mengen in unsere Hand, daß an ein Verzehren nicht zu denken war und das meiste verdarb.

– Die Hoffnung, wir würden nach dem anstrengenden Marschtag wenigstens schlafen dürfen, trog diesmal: Schon nach drei Stunden wurde die erschöpfte Kompanie wieder geweckt, wir marschierten ab und diesmal bergan gegen die Karpatenhöhen zu. Noch in der Nacht erreichten wir die Höhe des *Oitoz*passes. Dicht über der Ortschaft *Oitoz* lag die mit Buchenwäldern bestandene Bergkuppe, die wir zu besetzen hatten; im Morgengrauen fanden wir auf ihr überall die dichtüberwachsenen, aber noch gut erkenntlichen Reste der Stellungen aus dem Ersten Weltkrieg, die wir nun wieder in einen gefechtsfähigen Zustand brachten. Mir war diese Stellung aus Carossas «Tagebuch im Kriege» vertraut und beinahe heimatlich: Würden unsere Söhne nach 30 Jahren auch wieder in diesen Stellungen liegen?

– In mächtigen Stößen fegte der Wind über die Steilhänge herab, regenschwer hingen die Wolken, als sich uns gegen Abend das eindrucksvolle Schauspiel des massierten russischen Angriffs auf die Ortschaft Oitoz bot. Direkt unter uns spielte sich das alles ab, greifbar nahe und doch zu fern, um eingreifen zu können, auch wurde unser Berg von den Russen nicht beachtet. Pausenlos schossen die schweren Flak- und Sturmgeschützbatterien, die hier zur Sicherung des Passes zusammengezogen waren, in die anstürmenden braunen Massen, aber die gegnerische Übermacht war so erdrückend, daß die deutschen Stellungen unter ihrem Ansturm brachen wie ein Damm. Teils wurden die deutschen Einheiten aufgerieben, teils wurden sie im Nahkampf durch die Russen und Rumänen aus ihren Stellungen geworfen: Wie von einem Feldherrnhügel im Manöver konnten wir das alles beobachten, freilich sahen wir dabei auch, wie sich die feindliche Schlinge um unseren Berg zuzog.

– Nie habe ich jemanden mit größerer Freude in der Ferne auftauchen sehen als unseren Verbindungsmelder zum Bataillon, der uns den Befehl zu sofortigem Absetzen überbrachte. Keine Stunde zu früh verließen wir unsere Höhenstellung, als wir die seitlich und hinter uns gelegene nächste Kuppe erreicht hatten, griff der Russe bereits von der anderen Seite her an, wir konnten den Angriff aber noch einmal zurückweisen. Auch auf diesen Höhen zog sich ein weitverzweigtes Grabensystem aus dem Ersten Weltkrieg hin, sogar der Stacheldrahtverhau war zwar stark überwachsen, aber fast unversehrt. Hier richteten wir uns nun auf eine längere Verteidigung ein. Am 1. September – Beginn des 6. Kriegsjahres! – weckte uns ein schwerer Feuerüberfall russischer Granatwerfer auf unsere Stellung. Rechts von uns war der eigentliche Paßdurchgang, und hier konzentrierten sich nun bald die russischen Angriffe, der Feind wollte die wichtige Durchgangsstraße unbedingt in seinen Besitz bringen, wie am Tag zuvor die vorgelagerte Ortschaft Oitoz. In einer «normalen» Stunde zählten wir einmal 127 Schuß – aber immer wieder steigerte sich das Feuer der Granatwerfer zum Orkan, zum Trommelfeuer. Die russischen Werfer saßen direkt unter uns im Wald, bald wußten wir an den Abschüssen, von denen wir zum Teil sogar das Mündungsfeuer sehen konnten, wohin der Schuß gehen würde, da jeder Werfer auf ein festes Ziel eingeschossen war. Für unsere Infanteriewaffen waren sie aber unerreichbar. Hin und wieder löste sich ein einsamer Schuß aus einer deutschen Batterie am Hinterhang – einmal befanden sich unter 8 Schuß 7 Blindgänger... Zuweilen konzentrierte sich das Feuer der schweren russischen Artillerie auf den Ort *Bereck*, wobei die schweren Koffer in bedrohlicher Tiefe über uns hinwegjaulten. Wir selbst blieben zu unserem Glück wenig behelligt, da wir seitlich vom Paß lagen und unsere Höhe bei Einnahme des Passes ohnehin sofort verloren gewesen wäre.

– An diesem Tag erschienen auch noch einige deutsche Kampfflugzeuge, die im Oitoztal wohl zahlreiche lohnende Ziele fanden. Das Krachen der schweren Detonationen kam wie eine Sturzwelle zu uns heraufgebraust und zerriß uns fast die Trommelfelle. Es waren die letzten deutschen Flugzeuge, die ich im Krieg zu sehen bekam.

– Immer wieder kamen in den folgenden Tagen blasse, halbverhungerte deutsche Soldaten durch die russische HKL gesickert, die sich in nächtlichen Märschen durch Rumänien bis zu den deutschen Linien durchgemogelt hatten. Viel öfter aber erlebten wir es, daß sie in letzter Minute noch in der russischen HKL gefangengenommen wurden – immer wieder hörte man die deutschen Hilferufe aus dem Wald heraufschallen, und vereinzelte Gewehrschüsse, ohne doch helfen zu können.

– Am 2. September ging Leutnant Schock mit Leichenbittermiene durch unsere Stellung und erzählte jedem einzeln, daß wir eingeschlossen seien. Es war ein regnerischer, trüber Tag, und allein dieses Wetter drückte die Stimmung auf den Nullpunkt. Dazu noch diese Nachricht und die Gewißheit, daß unser Kompanieführer ganz gewiß nicht der richtige Mann war, um eine solche Lage zu meistern... Nur an der unerschütterlichen Ruhe eines Rudl Fischer glitt auch diese Nachricht ab wie Wasser an einer Ölhaut.

– «Na, dann machen wir uns eben selbständig, wenn es soweit ist!» meinte er trocken. Er, Sepp Kramer, Hans Wittreich und ich saßen lange zusammen in unserem kleinen Erdbunker und besprachen, was wir im Falle des Falles tun würden. Wir waren alle schwerbewaffnet, mit guten Karten ausgerüstet, jede Einzelheit des Fluchtweges wurde besprochen, nachdem wir das Gelände im Westen ja schon hinlänglich kannten: Wir waren fest entschlossen, uns zu viert durchzuschlagen. Lebendig hätten sie uns nicht gefangen, und wir waren alte Fronthasen.

– Der 3. September, ein Sonntag, brach wolkenlos und strahlend an, und mit den schwarzen Wolken wich auch die düstere Stimmung. Wir erfuhren, daß man in Hast und Eile Troßteile zusammengestellt und den Einschließungsring zwischen *Bereck* und *Lemhenji* wieder gesprengt hatte. Allerdings war von nun an ständiger Kampflärm in unserem Rücken zu hören, ein wenig erbauliches Gefühl, zumal man ja nicht wissen konnte, wie lange sich die Troßeinheiten mit sicher geringer Kampferfahrung gegen die Russen würden halten können. Daß an diesem Tag Leutnant Schock durch einen Granatsplitter am Kopf leicht verwundet wurde, die Gelegenheit aber sofort benützte, um auf Nimmerwiedersehen zu verschwinden, erfüllte uns mit Erleichterung. Als Pendant dazu erlitt unser trefflicher Spieß, der selbst zur HKL vorgekommen war, um nach uns zu sehen, eine tiefe Oberschenkelverwundung, weigerte sich aber, die Kompanie zu verlassen, wohl wissend, daß diese ihn jetzt kaum entbehren konnte. Am Abend des Tages stellte sich unser neuer Kompanieführer vor, Leutnant Hollfelder, der bisherige NSFO (nationalsozialistischer Führungsoffizier) des Bataillons. Wir alle kannten ihn hinlänglich durch seine hysterischen Ansprachen, die stets in einer hymnischen Verherrlichung des Führers und der großen Zeit, in der wir leben durften, gipfelten, und wir alle schlugen innerlich ein Kreuz, als er nun bei uns erschien.

Erst am 7. September kam der von uns sehnlichst erwartete Befehl zum Absetzen, wieder waren inzwischen eine Reihe von alten Kameraden gefallen oder schwer verwundet. Mit Eintritt der Dunkelheit ließen wir die Stellung hinter uns, über Schluchten und durch Wildbäche ging es durch den Wald abwärts und in später Nacht erreichten wir wieder Bereck. Ohne Aufenthalt marschierten wir weiter nach *Lemhenji*; die Straße lag unter starkem, von beiden Seiten kommendem russischen Beschuß, nur noch ein enger Schlauch war hier für den Rückzug der letzten Truppen offengehalten worden. Es war höchste Zeit!

– Unser Befehl lautete, den nahegelegenen Ort *Kesdiszentkeresz* zu besetzen und zu halten – eine Kompanie von kaum noch 30 Mann einen Ort von fast 5 km Ausdehnung! Es stand langsam schlecht um das Großdeutsche Reich und seine Wehrmacht … Gegenüber im Tal sahen wir noch das Kirchlein von Bereck am Fuß der Berge liegen und auch der Oitozpaß in seinen absteigenden Windungen war auf die Distanz gut zu übersehen. Unsere letzten Nachhuten hatten den Paß am frühen Morgen verlassen. Und nun geschah, was wir erwartet hatten; die Aufgabe des Oitozpasses wirkte wie der Bruch einer Stauseemauer. Eine nicht endenwollende Kolonne russischer meist motorisierter Einheiten strömte über den Paß herunter nach Siebenbürgen herein, eine riesige Staubwolke lastete über der Heersäule. Im Lauf des Tages stieß der Heerwurm bis *Kezdivasarhely* vor. Um uns, abseits der großen Straße, kümmerte sich kein Russe. Wir waren ihnen ohnehin sicher…

– Wir ließen uns unsererseits auch wenig stören. Noch lebte man! Wir benutzten den schönen Herbsttag, um noch einmal nach Herzenslust zu essen und zu faulenzen. Bei der Suche nach Obst geriet ich in den Garten einer deutschsprechenden Lehrerin, einer älteren, weißhaarigen, gütig blickenden Frau. Lange unterhielt ich mich mit ihr. Sie wußte genau, was ihr bevorstand, eine Flucht war ausgeschlossen, konnten ja nicht einmal wir damit rechnen, der Gefangennahme zu entgehen.

– «Aber man kann ja nur einmal sterben!», meinte sie abschließend, als wir am späten Abend aufbrachen. Sepp Kramer war noch zu mir gestoßen, und die Lehrerin hatte uns ein herrliches Abendessen vorgesetzt: Krautwickel und Milch, wir fühlten uns wie zu Hause. Und drüben rollten die russischen Armeen über die Paßstraße herunter. Oft haben wir in den nächsten Wochen davon gesprochen, welches Schicksal diese mütterliche Frau wohl erleiden mußte.

– Vergeblich warteten wir in der Nacht auf den Befehl zum erneuten Absetzen – es ist auch später nie geklärt worden, weswegen die Kompanie keine Benachrichtigung mehr erhielt, ob der Melder unterwegs fiel oder ob man uns schlicht und einfach vergaß. Gegen Mitternacht konnten wir nicht mehr daran zweifeln, daß die Kompanie sich allein auf weiter Flur befand und daß das übrige Bataillon und unsere Nachbareinheiten sich längst abgesetzt hatten, unsere Spähtrupps nach links und rechts hatten das eindeutig ergeben. Unser Leutnant war ratlos, von HJ-Geländespielen mochte er etwas verstehen, aber da kamen solche Lagen ja nicht vor.

– Hinter der Ortschaft dehnte sich ein breiter, unbewaldeter Bergrücken und als wir den Ort in dieser Richtung nun verließen, zogen gerade am anderen Ende die Russen ein, kenntlich am Hundegebell. Es war eine klare mondhelle Nacht, gerade wie drei Jahre vorher in Elisabethowka – wie ich diesen kalten, erbarmungslosen Mond haßte! – Wie ein verlorener Haufen kamen wir uns vor, als wir nun, jedes Geräusch aufs peinlichste vermeidend, über die kahlen Höhen zogen, die uns wie eine unwirtliche Mondlandschaft erschienen. Jenseits des Berges mußten wir auf die Hauptstraße einschwenken, auf der am Morgen bereits die russische Vorhut durchgezogen war – das Gros konnte noch nicht so weit gekommen sein. Wir wußten jeder, was es galt und was auf dem Spiele stand, und wir berieten noch einmal kurz. Plötzlich saß unser Heldenleutnant weinend auf einem Felsblock, er hatte die Nerven verloren. Ohne ein Wort trat Ernst Beyler, Oberjäger und Sanitätsdienstgrad gleich mir, seit dem ersten Tag des Rußlandfeldzuges bei der Kompanie, an das

Häufchen Elend heran. Mit einem Ruck nahm er ihm die entsicherte Pistole ab, und dann ohrfeigte er den Leutnant wie einen Schuljungen, in aller Gemütsruhe und ohne auch nur ein Wort zu sprechen. Dann sagte er nur: «Die Kompanie hört auf meinen Befehl!», wandte sich um, und wir 25 zogen hinter ihm her zur Straße. Im rötlichen Schein des untergehenden Mondes zogen wir nun dahin, in unserem abgerissenen Zustand kaum von einer russischen Einheit zu unterscheiden, und als einmal ein russischer Kradmelder an uns vorbeibrauste, schöpfte er keinen Verdacht.

- Gegen Morgen, nun in völliger Dunkelheit, konnten wir ungehindert die großen Viadukte von *Torja* überqueren – wir hätten diese tiefen Karpatenschluchten anders nicht rasch genug überwinden können. Noch vor dem Grauen des Morgens konnten wir die Straße verlassen und uns seitwärts in die Büsche schlagen – vor uns waren die ersten russischen Truppen. Gegen 6 Uhr erreichten wir bei Torja die erste deutsche Nachhut – und von diesem Augenblick an spielte sich der Leutnant wieder als Herr der Kompanie auf. Beyler gab ihm ohne ein Wort seine Pistole zurück, aber er sprach nie mehr ein Wort mit ihm, und wir anderen auch nur auf dienstliche Anrede. Hätten wir vorausgeahnt, was wir noch alles mit ihm erleben sollten, wir hätten ihn wohl in dieser Nacht erschossen.

- Wir bekamen Verbindung mit dem Bataillon, und nahe des *Torja*-Passes besetzten wir abermals eine mit dichten Buchen bestandene Anhöhe. Wir waren so todmüde, daß wir lediglich zwei Posten aufstellten und uns im übrigen allesamt schlafen legten – der Russe würde kaum so töricht sein, auf diesen unwirtlichen Berg zu steigen, nachdem er die Straße zum Marschieren besaß. Die Rechnung ging auf, und wir kamen zu den paar Stunden Schlaf, die wir so bitter nötig brauchten. Am Abend war die Lage so unklar wie nur je, und wieder brachten die ausgesandten Spähtrupps nach Einbruch der Dunkelheit die Nachricht, daß das Bataillon sich offensichtlich gelöst hatte, ohne mit uns Verbindung aufzunehmen. Wieder saßen wir allein und verlassen auf einem öden Berggipfel. Mit möglichster Beschleunigung stiegen wir ab, es war ein Wunder, daß keiner sich in dem Urwald mit seinen umgestürzten Baumstämmen und Felsbröcken Hals und Glieder brach. Als wir, wieder im ersten Morgengrauen, die Paßstraße erreichten, kamen wir gerade noch vor der Sprengung der letzten Brücke zurecht, die uns den Rückzug abgeschnitten hätte. Die Nachhuteinheit, ein Sprengkommando der

Pioniere, war höchst erstaunt und betroffen, daß da noch eine deutsche Kompanie ankam, von der ihnen kein Mensch etwas gesagt hatte. Kurz dahinter kamen riesige Panzersperren, die aber offensichtlich nicht mehr verteidigt werden sollten – dafür klebten überall Handzettel: «Jetzt erst recht!» oder «Helft dem Führer Zeit gewinnen!» «Und trotzdem siegen wir!», was wir als recht sinnig und vor allem sehr ermutigend empfanden.

– Die darauffolgende Nacht war wohl die anstrengendste meines Lebens. Ununterbrochen im 8-km-Tempo, mit vollem Gepäck und Waffen, war dieser Gewaltmarsch die einzige Chance, dem hart nachdrängenden Feind zu entkommen. In *Csiksereda*, gegen Morgen, erlebte ich das einzigemal im Leben, daß ich vor totaler Erschöpfung nicht mehr essen, nicht mehr trinken und auch nicht mehr schlafen konnte. Nur langsam erholten wir uns während einiger Stunden Rast. Wären nicht im Morgengrauen LKWs eingetroffen und hätten uns weitertransportiert, wir wären alle zusammengebrochen. Wir waren am Ende.

– Am Nachmittag erreichten wir, wieder etwas bei Kräften durch die LKW-Fahrt und nun wieder marschierend, *Szelyudvarhely*, wo wir kurz in einer ungarischen Kaserne rasteten. Unsere Verbündeten mußten Hals über Kopf geflohen sein, es herrschte ein unbeschreibliches Durcheinander, alle Bekleidungs- und Verpflegungskammern waren aufgebrochen, haufenweise lag teilweise ungebrauchtes, teils verkohltes Gerät, Bekleidung, Wäsche, Scherben und Ausrüstungsgegenstände aller Art im Gelände und in den Zimmern. Wir suchten noch einiges für uns Brauchbare aus dem Haufen heraus, doch war unseres Bleibens nicht lange. Gegen Abend besetzten wir eine Paßhöhe, von der aus uns wieder das Schauspiel des aus der Ebene herannahenden russischen Heerwurms zuteil wurde. Aus etwa 1 km Entfernung eröffneten wir das Feuer, mußten dann aber sofort flüchten, weil der Russe mit schweren Kalibern sich auf uns einschoß und zum Angriff antrat. Nur noch aus einzelnen, in Rückzugsgefechten auf eigene Faust und zusammenhanglos kämpfenden Soldatenhaufen bestand die deutsche Front in diesen Herbsttagen. Beim Rückzug von der Paßhöhe, beim Abwärtsjagen durch Buschwerk und Geröll, wurde unser Zugführer, einer der widerwärtigsten Feldwebel, die wir erlebten, leicht am Fuß verwundet – es gelang ihm, weg und heim ins Reich zu kommen. Wir sandten Stoßgebete gen Himmel! Ohne viele Worte übernahm Rudl Fischer wieder

seinen Zug, und nun konnten wir mit etwas mehr Vertrauen und Ruhe den kommenden schweren Tagen entgegensehen.
- Auf dem nächsten wieder pausenlosen Nachtmarsch geriet Leutnant Hollfelder in einen schweren Streit mit seinem Kompaniemelder, einem alten Obergefreiten. Unsere Marschweise war, eng aufgeschlossen, sehr unzweckmäßig und völlig unsinnig, darüber wagte Ruprecht eine Bemerkung. Der Leutnant befahl schreiend, ihm ein MG zu tragen zu geben, «es ginge ihm ja viel zu gut als Melder». Ruprecht dachte gar nicht daran zu schweigen, sondern sprach einige bissige Wahrheiten aus. Darauf brüllte der Leutnant, man solle ihm ein zweites MG aufhängen.
- «Nur gleich ein drittes!», meinte Ruprecht trocken. Daraufhin geriet der Leutnant in eine förmliche Ekstase, er brüllte und tobte und schrie schließlich: «Ich bestrafe Sie mit 10 Tagen geschärftem Arrest! Harrieder, sofort aufschreiben!»
- Und Rudi Harrieder, der Kompanie Truppführer, mußte nach vorne kommen und die Strafe in sein Notizbuch eintragen – das alles in stockfinsterer Nacht, die Russen dicht hinter uns, und die Kompanie als letzte Nachhut des Regiments...
- In dieser Nacht erlebte ich mehrmals das seltsame Phänomen, während des Marschierens zu schlafen. Eintönig gingen die Beine im Takt weiter, eine bleierne Müdigkeit senkte sich über das Gehirn, und erst wenn es einen Stop gab und man auf den Vordermann aufprallte, erwachte man bzw. merkte man, daß man im Gehen geschlafen hatte. Fast allen ging es so. Hätten wir nicht in unserem Rücken den Feind gewußt und wäre nicht die Gewißheit gewesen, unrettbar in Gefangenschaft zu kommen, wenn man liegenblieb, man hätte der Versuchung, am Straßenrand umzusinken und zu schlafen, zu schlafen, zu schlafen, nicht widerstehen können. So mobilisierte der Wille zum Leben, zum Durchkommen die allerletzten Reserven. Aber eine gespenstische Beziehungslosigkeit zur Umwelt, zu allem und jedem lag über diesen Tagen.
- Nachts waren wir Nachhut gewesen, so blieben wir untertags gleich Vorposten. Wir etablierten uns in der luxuriösen Villa eines Arztes, die ich als erster betrat. Ich stieß die Türe auf: Die Vorhänge der Fenster lagen zerfetzt im Raum, und durch den Luftzug erhob sich eine riesige Wolke weißer Bettfedern, die aus einer aufgeschlitzten Daunendecke stammten. Alle Schubladen waren herausgerissen, der Inhalt verstreut, Medikamente lagen umher, Papiere und zer-

brochenes Geschirr bildeten wüste Haufen in allen Zimmern. Ausgelaufene Einmachgläser, zerbrochene Blumentöpfe, ärztliche Instrumente bildeten ein grausiges Durcheinander, und ein fauliger Gestank von Speiseresten verpestete die Luft. Gern hätte ich mir ein Andenken mitgenommen, aber es ging einem wie Robinson auf seiner Insel mit dem Goldklumpen: Alle diese Dinge waren völlig wertloser Ballast. So gingen Rudl Fischer und ich Hühner schießen, mit der Pistole hatten wir darin eine große Fertigkeit, und bald brutzelten die ersten Tierchen in einer großen Pfanne – als es einen donnerähnlichen Schlag gab und der Luftdruck die Türen aufkrachen ließ und uns fast zu Boden warf. Russische Pak feuerte in direktem Beschuß auf uns ... Wir rissen die Hühner noch aus der Pfanne und setzten uns eilends ab, das Fleisch noch bei der Flucht von den Knochen reißend.

Nach weiteren sieben Kilometern erreichten wir in dem Hügelland *Nyarackszereda*. Hier war von Pioniereinheiten eine Auffangstellung gebaut worden, und diese sollte, angeblich aufgrund eines direkten Führerbefehls, unter allen Umständen und bis zur letzten Patrone gehalten werden.

Zum erstenmal kam unsere Kompanie seit den Gefechten am *Oitozpaß* in Reserve, wir waren ja die ganze Zeit her immer Nachhut gewesen. Wir krochen in einigen Heuhaufen unter, blinzelten noch eine Zeitlang in den Sternenhimmel und schliefen – eine Wohltat ohnegleichen. Freilich dauerte die Ruhepause nicht lange. Der 19.9. wurde ein besonders schwarzer Tag für die Kompanie. Eine russische Einheit war durch die HKL gesickert, vielleicht auch in aller Offenheit durchmarschiert, wer wußte das, und hielt nun eine Waldstellung in unserem Rücken besetzt. Wir als Reserve waren ausersehen, dies zu bereinigen. Da die Stärke der Russen nicht bekannt war und erheblich unterschätzt wurde, kam nur unsere einzige, stark zusammengeschmolzene Kompanie zum Einsatz, wir hatten hangaufwärts in den Wald hinein anzugreifen. Hans Wittreich machte ein bedenkliches Gesicht, wir hatten alle ein ungutes Gefühl – diese Art von Gelände kannten wir. Bald ging es durch dichtes, buschiges Strauchwerk und Unterholz, das schon herbstliche Laub raschelte unter jedem Tritt und die Sicht war kaum meterweit. Wir ahnten nicht einmal die Lage der feindlichen Stellung, während die Russen uns von aller Weite her genau hören mußten.

– So prasselte uns plötzlich aus wenigen Metern Entfernung ein rasendes Schnellfeuer entgegen, Handgranaten flogen auf uns zu und zum Teil noch über uns weg, ich warf mich in den nächsten Graben, aus dem stinkender Schlammdunst stieg, rings um mich stöhnten schon die Verwundeten. Es entwickelte sich ein Nahkampf Mann gegen Mann in dem Wald, der erst zu unseren Gunsten entschieden werden konnte, als eine zweite, rasch alarmierte Kompanie des Bataillons den Wald nun von hinten her aufrollte. Kein einziger Russe, es handelte sich um eine GPU-Elitetruppe, wie hinterher festgestellt wurde, ergab sich, jeder mußte einzeln aus seinem Loch herausgeholt bzw. in seinem Loch erschossen werden. Ich hatte alle Hände voll zu tun, die schlimmsten Wunden notdürftig zu verbinden, allein sieben Kompaniekameraden lagen tot im Unterholz. Noch nach Beendigung des Gefechts spielten sich in dem Wald entsetzliche Szenen ab. Einer unserer Leute, ein älterer, fast weichlich wirkender und ganz sicher nicht besonders tapferer Wiener, geriet unter dem Eindruck des Nahkampfes in einen regelrechten Blutrausch, er rannte schreiend im Wald umher, schoß auf jede Russenleiche nochmals und immer nochmals und brachte auf diese Weise auch die wenigen noch lebenden Russen um, die nur verwundet waren.
– Ich selbst hatte während des Gefechtes einen schweren Schlag gegen die linke Brustseite verspürt, aber nicht weiter darauf geachtet. Nun wurde ich darauf aufmerksam gemacht, daß mein Uniformrock zerfetzt und blutig sei. Als ich nachsah, war der in meiner linken Brusttasche steckende zusammenklappbare Eßlöffel durch einen Nahschuß zertrümmert, das Geschoß mußte aber abgeprallt sein, denn ich selbst war unverletzt, das Blut stammte von Verwundeten, die ich verbunden hatte. Noch heute besitze ich diesen Löffel.
– Am nächsten Tag lösten wir, wieder stark zusammengeschmolzen, die Nachbarkompanie in der Frontstellung ab. Diese lag, gegen alle Regeln der Vernunft und der Kriegserfahrung, weit am Vorderhang eines flachen Hügels, war also frei vom Feind her eingesehen, was bereits Dutzenden von deutschen Soldaten das Leben gekostet hatte, da die Russen im direkten Beschuß eines der Löcher nach dem anderen erledigten. Mit einem äußerst ungutem Gefühl bezogen wir im gespenstischen Licht des aufgehenden Mondes diese üble Stellung. Solange die Nacht uns noch Zeit ließ, versuchten wir, wenigstens einige etwas günstiger gelegene Plätze

für neue Löcher auszumachen. Dabei hatten Sepp Kramer und ich das Pech, daß wir tief im Boden schanzend in ein Hummelnest gerieten, dessen verärgerte Bewohner uns alsbald wie ein Schwarm Maikäfer umbrummten. Da es bereits gegen Morgen und mithin zu spät war, ein neues Loch zu bauen, mußten wir sämtliche Hummeln töten, und auch tagsüber kamen immer wieder vereinzelte Hummeln angeschwärmt und mußten erlegt werden.

- Wir erwarteten schwere Angriffe und Verluste, aber nichts dergleichen geschah: Von diesem Tag an stellte der Russe seine Bemühungen um diesen Frontabschnitt ein und ließ uns auch in den folgenden Tagen völlig in Ruhe, zu unserer größten Erleichterung.
- Täglich durften zwei Mann der Kompanie zurückgehen zum Troß, um sich zu waschen und zu erholen. Am 25. 9. traf es Hans Wittreich und mich, Feldwebel Harrieder, der Kompanietruppführer, der das einteilte, wußte, wie gut wir uns vertrugen, und hatte uns nicht ohne Absicht zusammen gehen lassen. Bei dieser Gelegenheit kam es zu einem kurzen Gespräch zwischen Rudi Harrieder und mir – und er, der seit 1941 mit mir in der Kompanie zusammen war, war sprachlos, als ich erwähnte, daß ich noch nicht einmal das EK II hätte: «Wir alle glauben, du hättest längst das EK I und trägst es nur nicht!», meinte Rudi fassungslos. Mir war das zu diesem Zeitpunkt längst egal.
- So trabte ich neben dem breitschultrigen Freund durch den Morgen, in dem sich langsam der Nebel aus dem Flußtal hob und die Sonne durchkam. Was war es für ein Genuß, beim Troß zu baden, sich zu rasieren und später am Tag in den *Nyomater* Obstgärten zu faulenzen, Äpfel und Weintrauben zu pflücken und sich einmal einen ganzen Tag wieder als Mensch zu fühlen! Die Septembersonne wärmte unsere müden Knochen, als wir wunschlos glücklich in dem Weinberg oberhalb des Dorfes lagen. Hans, der große Schweiger, ging aus sich heraus, er erzählte mir von daheim, von den Erlebnissen seines letzten Fronturlaubs und von seinen Zukunftsplänen, er war Fotograf. Aber auf einmal wendete er sich mit einem Ruck zu mir, und sein Gesicht wurde ernst und gespannt.
- «Sag mal, Ernst, glaubst du eigentlich, daß wir zu Hause wieder leben können, später einmal? Daß wir uns da wieder hineinfinden? In einen Beruf, in eine Familie? Freilich ist's dummes Gerede, wir fallen ja doch alle, irgendwann *muß* es einen ja hier erwischen. Aber wie soll man sich denn die Zukunft eigentlich vorstellen?»

- Ich lag auf dem Bauch, rauchte und sah sein kantiges Profil, das nicht das Gesicht eines kaum Zwanzigjährigen war.
- «Da bin ich überfragt, mein Lieber», lachte ich vor mich hin, «bin ich denn der Liebe Gott? Schau doch mich an – ein Abiturient, jetzt schon bald vier Jahre nach dem Abitur – meinst du, ich hätte noch eine Ahnung von Fremdsprachen, von chemischen Formeln? Eine Idee, was aus mir werden soll?»
- Er sah mich an und nickte. «Da hast du recht, du bist eigentlich noch ärger dran, ich habe ja doch wenigstens einen Beruf, in den ich wieder einsteigen kann. Oder einheiraten...», lachte er dann, und bald waren wir wieder bei seinen Urlaubsabenteuern.
- Nach Eintritt der Dunkelheit trotteten wir wieder vor, zwei junge Männer, die einen Tag lang Mensch sein durften. Aus dem Flußtal brauten wieder die Nebel, die Sterne glitzerten, und hätte nicht das gelegentliche ferne Dröhnen eines Abschusses an den Krieg erinnert, es wäre ein Abend nach Matthias Claudius gewesen:

> Der Wald steht schwarz und schweiget
> und aus den Wiesen steiget
> der weiße Nebel wunderbar.

Indessen sollte der schöne Tag einen wenig erfreulichen Abschluß für mich finden. Auf speziellen Befehl eines höheren Stabes mußten zwei Tote geborgen werden, die in einem MG-Loch in der Nähe unserer Stellung liegen sollten. Zwei Angehörige der Kompanie, die wir abgelöst hatten, wiesen uns ein, und so fanden wir das abseits gelegene Loch. Der Anblick, der sich im Mondschein bot, war grauenhaft: Zehn Tage lang waren die beiden Leichen der prallen Sonne ausgesetzt gewesen, sie lagen als homogene, völlig verweste Masse in dem Loch, dieses ganz ausfüllend. Die Köpfe glichen riesigen gedunsenen Ballonen, an denen man keine Konturen mehr unterscheiden konnte, selbst im Mondlicht war das Gewimmel der Maden nicht zu übersehen. Der Gestank war höllisch. Ein Panjewagen sollte die Leichen abtransportieren, doch war das Pferd mit keiner Gewalt an den Platz hinzubewegen, es zitterte und scheute. So mußten wir mit Hilfe eines Seiles die Leichen aus dem Loch hieven und über den Berg hinunterschleifen, wobei die eine mehrfach auseinanderfiel. Dann mußten wir das Pferd ausspannen, den Wagen selbst hinschieben, die gräßliche Last aufladen und dann das

Pferd rückwärts ins Geschirr drängen und wieder einspannen, ehe der Wagen endlich abfahren konnte. Sepp Kramer hatte mir geholfen. Als wir zurückgingen, sagte er leise zu mir: «Wenn wir einmal so daliegen, soll uns keiner mehr bergen. Das ist mein letzter Wille...»
- Tagelang mußte ich beim Essen gegen würgenden Ekel ankämpfen, so hatte mich dieses Erlebnis mitgenommen – und ich war doch abgehärtet genug.
- Am 28. September hieß es sich auch aus dieser Stellung abzusetzen. Es hatte in der Zwischenzeit ein herbstlich-nieselnder Regen eingesetzt, der uns in Kürze bis auf die Haut durchnäßte. Der folgende Marsch nach *Marosvasarhely*, dem deutschen *Neumarkt*, in knöcheltiefem, zähem Herbstmorast und Nebel, in dem die Zweige der sich schon entblätternden Bäume traurig und fern standen, war deprimierend. Wieder wurde es Herbst, wieder würde es nun bald Winter werden, und wieder gab es keine Hoffnung auf ein Ende oder eine Wendung. Erst spät in der Nacht erreichten wir Neumarkt und es war uns in dem Nebel und Regen nicht möglich, uns zu orientieren. Kurzentschlossen machte Rudl Fischer, entgegen allen Befehlen, im nächsten besten Haus Quartier, unter dem Motto: «Jetzt schlafen wir erst einmal – wir kommen immer noch früh genug zur nächsten Scheiße!»
- So schliefen wir erst einmal ausgiebig und zur Abwechslung in Federbetten, das hatten wir lange nicht erlebt. Am Morgen erwies sich dann, daß wir ganz nahe bei unserem Troß waren, doch hätten wir ihn in der Nacht kaum gefunden. Wäre unser früherer Zugführer noch dagewesen, wir hätten die ganze Nacht gesucht und die uns so bitter nötige Ruhe nicht gefunden. Den Anpfiff des Leutnants steckte Rudl mit Seelenruhe und ohne mit der Wimper zu zucken ein, er schlug die Hacken zusamen und rief immer wieder mit unbeweglicher Miene: «Jawoll, Herr Leutnant» – und das entwaffnete schließlich auch einen Hollfelder.
- Nun ging es auf die Höhen westlich *Neumarkt*, hier wurde Stellung bezogen. Wir hatten einen umfassenden Überblick über die Stadt, in der nun systematisch alle Brücken und Straßeneinfahrten gesprengt wurden. Eine große Zuckerfabrik ging in Flammen auf und brannte in den folgenden Tagen und Nächten lichterloh und mit tiefschwarzer Rauchfahne, viele tausend Zentner Zucker wurden vernichtet. Schade – aber was ging das uns an. Wir hatten mit unseren eigenen Problemen genug zu tun.

Der Boden war lehmig-zäh und ganz ungeeignet für Schanzarbeiten. Als ich endlich mein Loch fertig hatte, fiel ich todmüde hinein. Spät nachts kam unser Kompanietruppführer, Rudi Harrieder, an mein Loch, weckte mich und bat mich auszurichten, daß die Gruppe neben mir gegen Morgen einen Spähtrupp zu machen habe, ob ich es bestimmt ausrichten würde? Ich sagte «Ja» und schlief sofort weiter. Gegen Morgen stand Harrieder wieder vor meinem Loch, weckte mich erneut und fragte, was nun aus dem Spähtrupp geworden sei. Ich hatte kaum noch eine Erinnerung an den Auftrag, ich hatte alles verschlafen. Harrieder sagte nicht viel, nur: «Jetzt kann man sich nicht einmal mehr auf dich verlassen!» – damit ging er weg. Nie in meinem Leben hat mir ein Versäumnis, ein Tadel mehr zu schaffen gemacht als diese wenigen Worte enttäuschten Vertrauens.

- Am Morgen war der Russe in Neumarkt, und nun konnten wir uns untertags keinen Meter aus den Löchern wagen, denn die russischen Scharfschützen schossen so zielsicher wie nur je. Nachts dagegen war Ruhe, dann konnte man seinen Nebenmann besuchen und mit ihm reden – einmal mußte man ja auch mit einem Menschen sprechen können! Am 30. September hatte Sepp Kramer Geburtstag. Ich wußte das und hatte ihm, der leidenschaftlich rauchte, ein Päckchen Zigaretten von lang her aufgehoben. Zur Feier des Tages kam ich in sein Loch – war ich in der Frühe zu ihm gekommen, so mußte ich auch den ganzen Tag bei ihm bleiben! So lagen wir diesen Tag über nebeneinander in dem dürftigen Erdloch, naß bis auf die Haut, und trotzdem gut gelaunt, beinahe festtäglich gestimmt. Sepp rauchte langsam seine Geburtstagszigaretten auf, wir sprachen von daheim, von unseren Erinnerungen – wie wenig braucht der Mensch, um sich menschlich zu fühlen... Als ich mich bei Dunkelwerden von ihm verabschiedete, hielt er meine Hand fest und sagte ganz ernsthaft: «Ernst, hab schönen Dank, daß du meinen letzten Geburtstag mit mir gefeiert und begangen hast!»
- Ich wehrte heftig ab, aber er blieb fest dabei: Er wisse genau, es werde ihn noch erwischen. Sepp Kramer ist am 30. April 1945 bei Mährisch-Ostrau gefallen.
- Spät in der Nacht wurden wir durch eine sogenannte «Notkompanie» abgelöst – das waren Einheiten, die aus versprengten, quasi zusammengefangenen Soldaten bestanden und deren Kampfwert und -moral dementsprechend gering war. Beruhte doch der Kampf-

geist einer Truppe ausschließlich darauf, daß persönliche Bindungen zwischen den Männern bestanden, daß sie sich gegenseitig kannten, aufeinander verlassen konnten und vor allem wußten, daß man sich verwundet gegenseitig niemals im Stich ließ. Demgegenüber war sogar die Qualität der Offiziere von untergeordneter Bedeutung, wie auch an unserem Beispiel klar zu erkennen war.

– In der Frühe trafen wir nach wieder einmal durchmarschierter Nacht mit unserem Troß zusammen, wo wir nochmals verpflegt wurden. Dann kamen LKW – zum wievielten Mal? Alles sprach dafür, daß wieder ein Fronteinbruch im Gange war und wir «Feuerwehr» zu spielen hatten.

– In rascher Fahrt gelangten wir nach *Sachsregen*, das wir ja nun schon sattsam kannten. Hier wurde die Kompanie auf Sturmgeschütze verladen, das erste- und einzigemal, daß wir diese Art von Kriegsmaschinen kennenlernten. Die rücksichtslose Art, wie diese panzerartigen Geschütze sich durch das Gelände bewegten, gefiel uns gar nicht übel, man mußte nur höllisch aufpassen, daß man immer festen Halt behielt. Von oben bot sich ein guter Ausblick, und auf unserem Geschütz gab es viel zu lachen, denn dessen Kommandant, ein Wachtmeister, war sinnlos betrunken und gab die widersinnigsten Befehle, die von seiner Mannschaft lachend und schmunzelnd überhört wurden. Beide Teile schienen diese Art des Umgangs durchaus gewohnt. Einmal ließ er sich nur mit Mühe davon abhalten, das Feuer auf eine eigene Artilleriestellung zu eröffnen. Als wir schließlich in dem Gebiet angekommen waren, in dem ein großer russischer Einbruch bereinigt werden sollte, stellte sich heraus, daß dies bereits in der Frühe des Tages durch andere Truppen geschehen war, wovon die höheren Stäbe jedoch nichts erfahren hatten. So ging das ganze Unternehmen aus wie das Hornberger Schießen, was uns nicht unlieb war. Nach langem Herummarschieren in der Gegend, wobei uns einmal die eigene 15-cm-Artillerie, ein andermal eine deutsche Sturmgeschützabteilung beschoß, glücklicherweise ohne daß etwas passierte, kamen wir durchnäßt und müde am Abend wieder bei Neumarkt, am Ausgangsort unserer Odyssee an. Der nächste Tag, der 3. Oktober, sollte ein Ruhetag für uns werden, hieß es.

Der nächste Ruhetag begann damit, daß wir nachts um 1 Uhr geweckt wurden. Im strömenden, eiskalten Herbstregen marschierten wir wieder stundenlang über Berg und Tal, quer durchs Gelände, durch Moräste und Bäche, und bei Morgengrauen erreichten wir den Gefechtsstand unseres 2. Bataillons, wo ebenfalls ein russischer Einbruch erfolgt war. Zunächst gingen wir in Stellung. Das Schanzen von Löchern war diesmal ein aussichtsloses Unterfangen, weil jedes Loch, schon ehe es fertig war, randvoll Wasser stand. Am Nachmittag durften wir endlich das dicht vor uns liegende, angeblich von den Russen besetzte, in Wirklichkeit völlig feindfreie Dorf *Naganakiralyi* besetzen, nicht ohne daß zuvor die wieder zu uns gestoßenen Sturmgeschütze den Ort unter Feuer genommen und halb in Brand geschossen hatten. Der Reichtum der Bauern war nicht zu fassen, wir taten uns gütlich an Bauernbrot, Gänsebraten, Eiern, geräuchertem Speck und was dergleichen Köstlichkeiten mehr waren. Noch wichtiger war, daß wir uns an den Herdfeuern erst wieder einmal trocknen konnten.

– Eben hatte ich in altbewährter Weise mit Rudl Fischer zusammen einige Hühner zum Abendessen geschossen, da erschien der Melder: «Alarm! Sofort abrücken!»

– Die Hühner mußten ungebraten im Stich gelassen werden, nur einen riesigen Bauernspeck klemmte sich Rudl noch rasch unter den Arm, dann ging es wieder steil und beschwerlich bergan, und oben begann nun in dem sehr unübersichtlichen Gelände in Nebel und Regen der befohlene Angriff. Es gab einen Sturmangriff wie einst auf dem Vormarsch, unter «Hurrah» warfen wir die Russen und Rumänen aus ihren Stellungen, was einer SS-Einheit am gleichen Morgen nicht geglückt war. Nun war die von ihnen und den Russen stammende, überall in Massen herumliegende Verpflegung und das Gerät uns eine willkommene Beute. Kaum hatten wir an dem eroberten Bergkamm jeder ein Loch mit Beschlag belegt, da brach die Nacht herein. Die Stadt *Neumarkt* lag wieder vor uns, wie in einem Labyrinth kamen wir immer wieder zu diesem Ort zurück. Bald war es ganz dunkel.

– Und dann geschah es. Es war, als ob sich dort unten die Erde öffnete, sie spie Feuer gen Himmel, konzentrisch nach oben. Die Stimmen von Geschützen aller Kaliber brüllten ihren Todeschoral gen Himmel, gegen den Dom, den ihre feurigen Strahlen in den schwarzen Nachthimmel rissen, und dann heulte es heran, in elementarer Wucht stürzten sich wie lebende Ungeheuer die schwerkalibrigen Geschosse auf uns herab. Es war der lauteste, brüllendste Lärm, den meine Ohren je hörten und hören werden, noch heute, fünf Jahrzehnte später, zittert mein Herz beim bloßen Denken an diese Minuten. Die Nacht war erhellt vom ununterbrochenen Aufblitzen der Geschütze, und ununterbrochen donnerten die schweren Einschläge um uns, auf uns, schwere Artillerie, überschwere Granatwerfer, Do-Werfer, alles fauchte und zischte auf unseren kleinen Abschnitt nieder.

– Trotz aller Intensität blieb eine Zeitlang dieses Geschehen außerhalb von mir, ich lag auf den tiefsten Punkt meines kleinen Erdloches gepreßt und registrierte das alles mit meinen Sinnen. Aber plötzlich löste sich aus der Masse der niederstürzenden Stahlkörper die eine Granate, die mir galt, die für mich bestimmt war. Unter den vielen Abschüssen hatte ich den einen trockenen Knall gehört, der dem Einschlag unmittelbar vorausgeht. Ich fühlte sie kommen, ich krümmte in mich zusammen, von Grauen geschüttelt, ich schrie, aber mein Schrei blieb völlig lautlos in dem tobenden Lärm ringsum. Und schon ist der Einschlag da, die tötende Schwärze, der Luftdruck, über mir, um mich, ich sehe Feuer, atme beißenden Schwefel, eine ungeheure Ladung Erde begräbt mich. Mit einem zweiten Schrei verließ mich das Bewußtsein.

– Langsam, ganz langsam kam ich wieder zum Bewußtsein zurück. Ich war wie taub und zerschlagen, in Mund und Augen klebte heiße Asche, halbmeterhoch war ich von Erde bedeckt. In meinem Bewußtsein war immer noch die Nähe der Granate, *meiner* Granate. Ich versuchte mich zu bewegen, und allmählich wurde mir klar, daß ich nahezu unverletzt und daß der höllische Lärm im Abklingen war. Mühsam machte ich mich von den lastenden Erdmassen frei, taumelnd erhob ich mich in meinem Loch. Es war einer der letzten Schüsse gewesen, der mich verschüttet hatte, und nun war nach dem Lärm eine gespenstische, unwirkliche Grabesstille über der Landschaft, in der schwarzen Nacht, die fast noch schlimmer war als der Lärm vorher, zumal ich fast taub war und mein Kopf unerträglich dröhnte und schmerzte. Ich war plötzlich in meine Jugendzeit versetzt: So war die Stille nach dem Abschuß der tausend Böller in der Weihnachtsnacht, am Pfingstmorgen, im Tal von Berchtesgaden, wenn das Echo rollend aus den Seitentälern zurückkehrte und dann in die Stille einbrach – eine existentielle Stille, lauter als der denkbar mögliche Lärm.

– Aber nun galt es zu bergen, was noch zu bergen war. Ich war der einzige am Leben gebliebene Sanitäter des Bataillons. Die ganze Nacht über arbeitete ich unter Aufbietung aller Kräfte zusammen mit wenigen anderen, um die schaurige Fracht des Todes und der Vernichtung zu löschen, um die Verwundeten an den Hinterhang zu schleppen, zu verbinden und ihren Abtransport vorzubereiten, sie durch den Wald und das Gelände zu tragen, das mit Kratern wie eine Mondlandschaft entstellt war. Schließlich schleppten wir die Toten, die vielen Reste von Leichen zusammen und waren selbst wie begraben unter der Last des Jammers. 10 Tote und 33 Verwundete – das war die Bilanz dieser Nacht allein für unsere 12. Kompanie, und die anderen Kompanien des Bataillons waren nicht besser weggekommen. Viele, viele der alten Kameraden waren getötet, zerfetzt, in Stücke gerissen. Rudi Harrieder konnte man erst Tage später an den Resten seiner Erkennungsmarke identifizieren...

– Später, schon im Lazarett, habe ich erfahren, daß der Bataillonskommandeur für diesen Angriff das Ritterkreuz erhalten hatte. Das Soll an Ausfällen war diesmal erfüllt...

– Den kurzen Rest der Nacht verwendeten wir darauf, in größter Eile unsere Löcher auszubauen und etwas beschußsicherer zu machen. Doch blieb wider Erwarten der folgende Tag ruhig, die Russen griffen nicht wieder an und das feindliche Munitionskontingent für diesen Tag war anscheinend schon in der Nacht verschossen worden. Drüben mochte der Barras ähnliche Blüten treiben wie bei uns...

– Erst in den folgenden Tagen nahm das Feuer der schweren Waffen auf unsere Stellung wieder zu. Am unangenehmsten erschienen uns die überschweren Wurfgranaten, die wie Fliegerbomben auf uns herabrauschten und mit ohrenbetäubendem Krachen explodierten. Man zuckte bei jedem Einschlag zusammen, langsam spürte man an den Nerven, daß die Beanspruchung das Erträgliche überschritt. Aus purem Selbsterhaltungstrieb wechselte ich am 6. Oktober zu Rudl Fischer ins Loch über, als Sanitäter stand mir ja frei, mich im Zugsbereich aufzuhalten, wo ich es für gut hielt. Vor allem aber konnte man sich – die Nächte wurden wieder kalt – zu zweit auch etwas gegenseitig wärmen. Wir sprachen nur wenig in diesen Tagen, und nur wenn eine schwere Granate wieder in der Nähe einschlug, sahen wir uns wortlos an, mit dem gleichen Gedanken: «Ist die nächste der Volltreffer?»

- Es kam jedoch keiner, die Kompanie hatte in diesen Tagen keine weiteren Ausfälle mehr.
- Am 7.10. wurde ich morgens zum Bataillonsgefechtsstand befohlen. Der Kommandeur überreichte mir und einem weiteren alten Obergefreiten das EK. Hatte ich es mir früher manchmal erhofft, und hatte es mich in früheren Jahren manchmal gewurmt zu erleben, daß andere es unverdient bekamen und ich nicht – jetzt war mir das völlig gleichgültig. Hätte ich nur einen einzigen meiner Kameraden wieder ins Leben zurückrufen können, indem ich das Kreuz zurückgab, ich hätte es ohne Besinnen getan. Nur für meine Angehörigen freute es mich, in der Heimat würden sie sich darüber mehr freuen als ich hier. Von der Verleihung, die mit den üblichen markigen Worten einherging, kam ich gerade noch rechtzeitig zu Rudl in unser Loch, ehe der Feuerzauber wieder begann.
- Rudl grinste über das ganze Gesicht, als er meinen Schmuck bemerkte. «Na Gottseidank», meinte er, «aber daß du es nun auch, wie befohlen, den ganzen Tag über trägst! Du weißt, das ist Vorschrift am Tag der Verleihung!»
- Mit dem Zitat des Ritters Götz nahm ich das Kreuz ab und steckte es in die Tasche. Am nächsten Tag schickte ich es in die Heimat.
- Am folgenden Morgen blieb Neumarkt hinter uns, wieder begannen die Rückzugsgefechte, das Marschieren, die Strapazen. Nur mit verhaltenem Grauen kam manchmal der Name Neumarkt in unseren Gesprächen vor. Nach dem nächsten anstrengenden Nachtmarsch, wieder in strömendem Regen, bezogen wir auf einer freien Höhe Stellung, nur ein kleines Akazienwäldchen am Hinterhang bot einen minimalen, mehr eingebildeten Schutz gegen die Witterung. Ein Spähtrupp unseres Zugs ging in das vor uns liegende Dorf, und dabei wurden die Kameraden, die russische Beutezeltbahnen umgehängt trugen, Zivilhüte aufhatten und dichte Bärte zeigten – wann hatten wir die letzten Uniformen bekommen! – von den Einwohnern für Russen gehalten. Die Frauen fielen ihnen um den Hals, sie brachten ihnen zu essen und alle möglichen Leckerbissen, und groß war die Bestürzung, als man begriff, daß es sich um Deutsche handelte. Derlei bei den uns noch verbündeten Ungarn gab zu denken. Ob die Freude beim Einzug der wirklichen Russen lange vorgehalten hat? Fast täglich hörten wir das gellende Schreien der vergewaltigten Frauen aus den Dörfern, in denen hinter uns die Russen einzogen, und das Johlen der «Befreier». Nun, es mochte den

Ungarn ähnlich ergehen wie den Ukrainern, die uns 1941 ja auch Blumen gestreut und Leckerbissen gebracht hatten...
- Bis zum Abend des 12. Oktober blieben wir auf unserer Höhe, dann ergab sich wieder einmal die sattsam bekannte Situation, daß das Bataillon uns vergessen hatte und wir als verlorene Kompanie auf dem einsamen Berge saßen. In höchster Eile strebten wir nach Westen und erreichten gerade noch vor Morgengrauen die große Paßstraße vor *Klausenburg*, die bei Tagesanbruch geräumt sein mußte, da sie unter Einsicht und im direkten Beschuß der Russen lag. Nie habe ich eine so völlige Verstopfung einer Straße erlebt wie hier. 10- und 12spännige Wagen, Geschütze, motorisierte Fahrzeuge aller Art und Größe, Sankas berstend voll Verwundeter, Panje- und Ochsenfuhrwerke, Autos jeder Größe – ein brodelnder Brei von Fahrzeugen, unter Schreien und Fluchen ein Kampf aller gegen alle, wiehernde, ausschlagende Pferde. Jeder kämpfte um das nackte Leben, das nur gerettet werden konnte, wenn man vor Tagesanbruch über den Paß gelangte. Hier hatten wir Gebirgsjäger es gut: Konnten wir doch oberhalb der Straße am Hang entlanggehen und so die Paßhöhe noch rechtzeitig erreichen.
- Am Vormittag trafen wir zwischen *Dés* und *Klausenburg* auf unsere Feldküche, die wir schon als verloren angesehen hatten – auf beiden Seiten gab es ein freudiges Hallo und eine fürstliche Verpflegung: Kartoffelknödel! Es war kaum zu fassen! Dazu wurden uns Marketenderwaren in Hülle und Fülle verabfolgt, Strandgut des Krieges, aus den verlassenen und gesprengten Verpflegungsämtern von unserem Küchenunteroffizier gerettet. Im übrigen hieß es aber ununterbrochen «Weiter, weiter» – der Russe drückte von hinten mit allen Kräften. Gewöhnlich lagen wir als Nachhut bis zum Morgengrauen an irgendeinem tristen Ortsrand und warteten, bis die ersten russischen Granaten und Gewehrschüsse zu uns herheulten, um dann schleunigst Fersengeld zu geben.
- Einmal war bei einem solchen nächtlichen Gewaltmarsch gegen Morgen eine kurze Pause eingelegt worden, Tee und Verpflegung waren ausgegeben worden. Dann waren wir eiligst weitermarschiert. Hans Wittreich war nicht bei uns, wir dachten, er ginge wie gewöhnlich am Ende der Kolonne beim MG-Muli. Hinten beim Muli dachte Eiglmeier, er marschiere bei uns vorne an der Spitze. So wurde sein Fehlen erst bemerkt, als wir im Morgengrauen wieder an einem Ortsrand Stellung bezogen. Seine Waffen hingen am

Sattel des MG-Muli. Wo aber war Hans geblieben? Übergelaufen? Undenkbar! Gefallen oder verwundet? Davon hätten wir doch etwas merken müssen. Wir waren alle sehr erregt und die Sache war uns ein völliges Rätsel – bis schließlich, zwei Stunden nach Tagesanbruch, es war ein sehr nebliger Morgen, Hans stillvergnügt die Straße entlanggetrottet kam, völlig waffenlos, sonst aber guten Mutes und hocherfreut, schon wieder bei uns zu sein. Er war bei der Rast übermüdet im Straßengraben eingeschlafen und erst durch die Morgenkälte wieder geweckt worden.

– Eine Stunde später passierte ein weiteres Vorkommnis, das uns aufwühlte. Am Tag zuvor war wieder einmal ein Führerbefehl verlesen worden, nach dem «kein Fußbreit Bodens» mehr preisgegeben werden dürfe. Es war, wie schon erwähnt, sehr neblig, die Russen mußten dicht hinter uns herstoßen. Unvermittelt näherten sich auf der Straße Geräusche, die Sicht war kaum 50 m weit. Leutnant Hollfelder bekam plötzlich einen regelrechten Anfall: «Wir greifen an!» schrie er laut, «unser Führer steht hinter uns! Los, angreifen!»

– Als keiner von uns Miene machte, diesem unsinnigen Befehl Folge zu leisten, zog er die Pistole und bedrohte uns wild fuchtelnd mit der entsicherten Waffe. Rudl Fischer zeigte sich der Situation wieder einmal gewachsen. Er nahm seine Maschinenpistole hoch und sagte in aller Ruhe: «Na schön, dann greifen wir halt an!»

– In diesem Moment peitschte der erste Schuß gegen den Ort, surrend prallte er als Querschläger von der Hauswand ab. Keiner von uns regte sich, aber der Leutnant verschwand erbleichend und seine Pistole senkend um die nächste Hauswand. Rudl Fischer grinste dünn, sagte nur «Na also!» und jagte eine Salve aus seiner MP in den Straßenschmutz. Dann schulterten wir unsere Waffen und zogen uns durch den Ort zurück, der Leutnant schlich wie ein geprügelter Hund hinterher. Am späteren Vormittag kam es dann noch zu einer heftigen Schießerei mit den verbündeten Ungarn, die wir in ihren braunen Uniformen für Russen gehalten hatten. Am Abend wurde ein hoher, steiler Berg als Stellung angewiesen, den wir seufzend auch noch erklommen.

– Nachts wurde Rudl Fischer mißtrauisch. Mit Sepp Kramer ging er los, um sich zu orientieren, und die beiden fanden – nichts! Wieder waren wir allein und vergessen, aber diesmal wußten wir nicht annäherungsweise auch nur die Richtung der Rückzugsbewegung. Selbst mit Kompaß war in dem herbstlichen Nebel und in der

Feldpostverteilung durch Ogfr. Kern

50 km Marsch mit Ochsengespann

Hans Wittreich an der Front und in der Heimat

stockfinsteren Nacht eine Orientierung so gut wie unmöglich. Wir stolperten von unserem Berg herunter, und glücklicherweise hörten wir bald Kampflärm, dem wir nachgehen konnten. Im Nebel stießen wir schließlich auf eine deutsche Sturmgeschützabteilung, die eine Straßensperre errichtet hatte, ihr schlossen wir uns an. Und als der Russe uns am nächsten Morgen auf beiden Seiten umgangen hatte und bereits in unserem Rücken heftige Kämpfe tobten, konnten wir auf die Sturmgeschütze aufsitzen und unbehindert mit zurückfahren – mit ihnen wollte die russische Infanterie nicht anbinden. So hatten wir es wieder einmal geschafft.

Und wieder kam der Befehl, an einem Vorderhang in Stellung zu gehen. Diesmal bekam uns die Gedankenlosigkeit der hohen Führung schlecht. Hätten nur die Offiziere mit den roten Streifen an den Hosen und den lamettafunkelnden Uniformen auch einmal einen Tag an einem solchen Vorderhang unter dem direkten russischen Beschuß verbringen müssen! Gegen Nachmittag hatte der Gegner uns ausgemacht, und nun begann die russische Pak, Loch für Loch im direkten Beschuß anzugehen. Uns verging Hören und Sehen, noch mehr aber den am Nachbarhang liegenden ungarischen Truppen, die sich nach wenigen Minuten in kopfloser Flucht befanden.

Bald ertönte der Kampflärm wieder einmal in unserem Rücken. Unsere Absicht, wenigstens noch bis Einbruch der schützenden Nacht hier durchzuhalten, erwies sich als undurchführbar. Einer nach dem anderen raste in höchster Eile den Hang hinauf, während die anderen Feuerschutz gaben, so gut es ging, ringsum spritzten die Fontänen der Pakgeschosse hoch und pfiff uns ihr ekelhaftes Knallen in die Ohren. Als wir uns am Hinterhang sammelten, hieß es plötzlich: «Seeliger fehlt!»

- Seeliger, einer der alten, seit vielen Jahren bei der Kompanie weilenden Obergefreiten! Zu viert rasten wir, mit einer Zeltbahn bewaffnet, den etwa 30 m weiten Hang wieder hinunter, alles unter dem wütenden Feuer der russischen Pak und Maschinengewehre. Wir reißen den schwerverwundeten Kameraden aus seinem Loch, er schrie in einem fort: «Laßt mich liegen! Laßt mich doch sterben! Erschießt mich!»

- Wir warfen ihn auf die Zeltbahn und schleiften ihn über den Abhang hoch, sein Schreien ging in unartikuliertes Heulen über, so furchtbar waren seine Schmerzen durch die Unebenheiten des Bodens. Aber Mitleid war hier nicht am Platz. Schweißüberströmt erreichten wir den Hinterhang, ohne daß einem von uns ein Haar gekrümmt worden wäre.

- Hier stand der für solche Zwecke organisierte und immer mitgeführte Panjewagen und auf ihn betteten wir Seeliger, der noch immer laut stöhnte und jammerte. Die Kompanie war bereits verschwunden, über alle Berge. Nun war guter Rat teuer. Wir waren zu viert, hatten einen Schwerverwundeten bei uns, dem ein Pakvolltreffer den ganzen Körper mit unzähligen kleinen und großen Splittern durchsiebt hatte, wir hatten keine Karte, keine Ahnung von Lage und Gelände, und nun brach die Nacht an, eine neblige, feuchte Oktobernacht.

- Es blieb uns nichts übrig, als mit unserem Panjewagen quer über die Hügelketten weg die Richtung einzuschlagen, die wir als die richtige vermuteten. Nie hätte ich es für möglich gehalten, daß man mit einem Pferdefuhrwerk quer durch einen abschüssigen Bergwald fahren könne, ohne Weg bei Nacht und ohne die geringste Orientierung. In dieser Stunde aber entpuppte sich einer der unscheinbarsten Kompaniekameraden, der kleine Huber, der kaum je ein Wort sprach und sonst immer nur mitzottelte, als rettender Engel. Er nahm das Pferd am Zügel, das mir nicht gehorchen wollte, und mit wenigen beruhigenden Schnalzern und leise anfeuernden Reden brachte er das Tier soweit, daß es ihm willig folgte. Wir hielten den Wagen und hinderten ihn am Umkippen, und so ging der Transport durch den nächtlichen Wald vor sich. Als wir schließlich den Talgrund und die Straße erreichten, war uns wieder unklar, in welcher Richtung wir fahren sollten. Indes witterte der kleine Huber nur einmal kurz wie ein Tier, dann nahm er die Zügel und wortlos ging es nach rechts. Und wir hatten Glück: Gegen Morgengrauen wurden wir nach dem Kennwort angerufen – es waren Leute unseres eigenen Bataillons, und der Hauptverbandsplatz und Dr. Kleinschmidt waren ganz in der Nähe. Hier lieferten wir Seeliger ab, Steine fielen uns vom Herzen, und bald konnten wir uns bei der Kompanie zurückmelden, die uns schon abgeschrieben hatte...

– Wir wußten weder Kalender- noch Wochentage mehr. Wir waren ununterbrochen am Ende unserer Kraft, und man verschwendete weder Gedanken noch Worte mehr an Dinge, die nicht mit der Rettung des Lebens, mit den primitivsten animalischen Bedürfnissen etwas zu tun hatten. Wie ein Nebel liegt es in meiner Erinnerung über den nun folgenden Tagen und Wochen: Nebel, Regen, unaufhörliche verlustreiche Gefechte, Nachtmärsche, Erschöpfung bis zum Unfallen, selbst die besten Freunde wurden gegeneinander launig und streitsüchtig. Dazu kam der quälende Hunger, der nur gemildert wurde, wenn es in einem der in dieser Gegend seltenen Dörfer einmal etwas zu requirieren gab.

– Einmal hellte sich über Mittag die Oktobersonne aus dem Nebel auf. Mich quälte eine eigentümliche Mißstimmung, die eine in der Sonne strahlende Landschaft auf erschöpfte, übernächtigte Nerven ausübt. Trotzdem tat die Sonne wohl, wir lagen in einem Weinberg, in dem die Trauben noch nicht geerntet waren. Sie waren klein und verhutzelt, aber von einer solchen Süße, von einem so köstlichen Aroma, daß ich den Geschmack noch heute auf der Zunge spüre, eine Erinnerung an diese sonst so düstere Zeit.

– Zur Besinnung kam ich erst wieder, als ich mit einer schweren Bronchitis mit über 40° Fieber bei einem dieser Nachtmärsche zusammenbrach. Diesmal war ich es, den Sepp Kramer und Hans Wittreich auf den Panjewagen luden, den der kleine Huber jetzt immer führte. Ich wälzte mich unter das Stroh des Wagens, und hier blieb ich anderthalb Tage liegen, gegen den Regen wie gegen neugierige Blicke geschützt, die meiste Zeit wie ein Toter schlafend.

Schuhe und Strümpfe hatte ich ausgezogen – wieviele Wochen hatte ich sie nicht von den Füßen gebracht ... Heimlich brachten die Freunde mir zu essen. Weder ich noch sie wollten, daß ich zum HV-Platz ging: Fieber messen und Tabletten schlucken konnte ich selbst, und weg von der Kompanie wollte ich nicht, um keinen Preis. Am zweiten Tag fühlte ich mich wieder soweit, daß ich mitmarschieren konnte. Und an diesem Tag wurde Leutnant Hollfelder abberufen, er hatte das EK I inzwischen erhalten, und nach dieser Frontbewährung warteten nun wichtigere Aufgaben in der Heimat, an der «Heimatfront» auf ihn, den kampfbewährten Nationalsozialisten.

In diesen Tagen wurde auch der Troß von den letzten Soldaten ausgekämmt, die dort irgend entbehrlich waren. Unter den Leuten, die auf diese Weise zu uns stießen, war auch ein älterer, kleiner, krummbeiniger Sachse, der in einem fort mit weinerlicher Stimme erklärte, er wolle wieder zurück, er habe schlechte Nerven, sechs Kinder warteten zu Hause auf ihn und das könne man ihm nicht zumuten. Nun, auch wir waren nicht freiwillig hier. In der zweiten Nacht, in der er Posten stehen mußte, schoß er auf seinen Oberjäger, der die Postenkette inspizierte. Mit einem schweren Bauchschuß wurde der immer fröhliche und tüchtige Oberjäger Honsik zurückgebracht, er starb noch im HV-Platz. Nun, derartige Unfälle kamen, so bedauerlich sie waren, immer wieder einmal vor; wir ließen es den nervösen, unglücklichen Schützen nicht entgelten. Zwei Nächte später hatten wir eine ausgezeichnete Stellung, wir fanden Bunker vor, die von einer anderen Einheit offenbar schon längere Zeit besetzt und bewohnt waren. Auf den Pritschen lagen – nicht zu glauben – Federbetten, die wohl aus den nahen Bauernhäusern requiriert worden waren. Das war eines der wenigen Male in der ganzen Frontzeit, daß ich den Luxus von Federbetten erlebte ... Kaum lag ich aber eine Stunde auf dem köstlichen Lager, da wurde ich geweckt – der alte sächsische Troßknecht hatte wieder einen Kameraden angeschossen, diesmal einen vom gleichen Troßersatz wie er selbst, einen älteren Südtiroler Bauern aus dem Pustertal. Und fast gleichzeitig kam wieder der Befehl zum Rückzug. Wir legten den großen, schweren, furchtbar stöhnenden Mann, dem die Eingeweide aus dem Bauch hingen und den ich mit meinen wenigen Verbandspäckchen nur notdürftig verbinden konnte, auf den Panjewagen, auch er starb nach wenigen Stunden, kurz nach der Einlieferung auf den HV-Platz.

Feldw. Rudi Harrieder, Leutnant Hollfelder, Sepp Kramer

Und dann nahmen wir uns dieser mysteriösen Schüsse an. Es ergab sich, daß der Troßsoldat, dem es mit anderen Mitteln nicht gelungen war, von der Fronttruppe wegzukommen, nun solange auf eigene Kameraden schießen wollte, bis man ihn nach hinten bringen würde, «denn vorne könnte man ihn ja dann nicht mehr brauchen». Er wurde nach hinten abgeführt, von seinem weiteren Schicksal habe ich nichts erfahren.

So begannen sogar unter uns die niedrigsten Instinkte Triumphe zu feiern, das Gorgonenhaupt des Krieges erhob sich immer schrecklicher über uns. Wir selbst waren in einer Weise verwahrlost, daß es uns in lichten Stunden selbst graute. Statt der zerschlissenen, vermoderten Uniformen hatte sich längst jeder zivile Kleidungsstücke besorgt; den Vogel schoß der kleine Huber ab, der mit aufgespanntem Regenschirm neben seinem Panjewagen hertrottete. Ein zerlumpter, schmutziger, verwilderter Haufen, das war aus der deutschen Wehrmacht geworden. Und nur noch die Bande der Freundschaft hielten: noch immer waren Sepp Kramer, Rudl Fischer, Hans Wittreich und ich beieinander, und noch immer waren wir fest entschlossen, gemeinsam zu fliehen und uns irgendwie durchzuschlagen, als uns jemals zu ergeben. Wie durch ein Wunder waren wir noch alle unverletzt.

- In *Erdöd*, dem Ort, wo wir den durch Kameradenmord endenden Südtiroler abgeliefert hatten, betraten wir anschließend das nächstbeste Haus, um uns etwas Essen zu organisieren. Ein älterer, sehr aufrecht gehender Bauer trat uns entgegen – er sprach deutsch! Wir waren in eine Kolonie von Auslanddeutschen geraten, die uns alsbald Entenbraten und geröstete Kartoffeln vorsetzten; in den Kleidern des Hausherren trockneten wir behaglich uns und unsere durchnäßten Sachen am Ofen. Daß der Russe bereits begann, ins Dorf zu schießen, war uns gleichgültig, diese Genüsse mußten ausgekostet werden. Auch diese Menschen sprachen ganz ruhig vom baldigen Sterben und vom Verlieren der Heimat, mit Tränen verabschiedeten sie sich von uns, als wir, die letzten deutschen Soldaten, den Ort nun doch räumen mußten. Nach dem üblichen, höchst anstrengenden Nachtmarsch gelangten wir nach *Tombe*, wieder einem deutschen Ort, wo wir diesmal sogar in den Betten schliefen, ein Posten vor dem Haus genügte für unsere Sicherheit. Und in diesem Ort, o Wunder, holte uns am Abend eine LKW-Kolonne ab, es war nicht zu fassen, daß es noch deutsche Lastkraftwagen gab! Und so weit vorne! Das konnte nur bedeuten, daß wieder irgendwo eine Riesenschweinerei im Gange war – lichterloh mußte die Front irgendwo brennen, wenn es so pressierte, uns abzuholen. Nun, vorerst war uns das egal, erstmal fuhren wir, und der oberste Wahlspruch eines Infanteristen lautete noch immer «Besser schlecht gefahren als gut gelaufen». Zudem boten die LKW auch Schutz vor dem strömenden Herbstregen.
- Von den LKW-Fahrern, die wie immer gut informiert waren, erfuhren wir, daß bei *Debrecen* eine Panzerschlacht im Gange sei, in die wir eingreifen sollten. Was wir Gebirgsjäger ohne schwere Waffen gegen Panzer ausrichten würden, war uns zwar schleierhaft, aber die Führung mußte es ja wissen. Bei *Nagykallo* setzte uns die LKW-Kolonne ab. Wir gingen über freies Feld vor, doch war die Nacht so dunkel, daß man sich über das Gelände und seine Struktur kein Bild machen konnte, wir blieben schließlich an einer Heckenreihe liegen, da weiteres Vorrücken sinnlos erschien. Trotz des obligaten Regens schliefen wir ausgezeichnet in unseren rasch geschanzten Löchern.
- Am Morgen erwachte ich durch das homerische Gelächter meiner Kameraden neben mir. Ich traute meinen Augen nicht: Dicht an mich geschmiegt in meinem Arm schlief eine ausgewachsene weiße Gans! Wie sie zu uns gefunden hatte und was das bedeuten sollte,

wußte der Himmel. Es war der 26. Oktober. Wir vertieften unsere Löcher, durch die silbernen Zweige der Birken über uns huschten Vögel mit leisem Gezwitscher, der Himmel war verwaschen, aber es regnete nicht mehr. Vorerst war nichts zu erkennen, weder Freund noch Feind. Die Gans watschelte von Loch zu Loch, überall mit Hallo begrüßt; keiner tat ihr etwas zuleide, denn braten und essen konnten wir sie ja im Moment doch nicht. Am Abend würde man weitersehen.

– Gegen Mittag kamen weit rechts von uns einige russische Panzer zum Vorschein, sie wurden jedoch von der dort stehenden deutschen Pak rasch erledigt und brannten aus. Im eigenen Abschnitt blieb alles ruhig, nie habe ich weniger an die Möglichkeit eines Unglücks gedacht als an diesem Vormittag. Das Wetter blieb diesig, der Himmel hatte das Aussehen von beschlagenem Silber. Wir schliefen oder dösten in unseren Schützenlöchern, neben mir, kaum 5 m entfernt, schlief Eiglmeier in seinem Loch.

– Gegen 12 Uhr hörte ich plötzlich den fernen Abschuß einer Batterie mit dem trockenen Knallen, das Böses ankündigt. Aber ehe ich noch einen Gedanken fassen, ehe ich mich auch nur ducken konnte, sitzen die schweren Einschläge bereits zwischen uns in der Heckenreihe. Ein harter Schlag trifft meinen linken Arm, um mich her erhebt sich lautes Stöhnen und Jammern. Ich krieche aus meinem Loch, der linke Arm hängt wie ein Fremdkörper an mir, baumelt herab, Blut strömt über den Rock, die Hose. Ein Blick in das Loch nebenan: Eiglmeier kauert darin, zusammengesackt, tot. Sieben andere, darunter ein eben neugekommener Leutnant, sind mehr oder weniger schwer verwundet. Das Schlimmste: Es war ein Volltreffer unserer eigenen Artillerie, einer 15-cm-Batterie gewesen...

– Den Leutnant, dem es einen Arm glatt weggerissen hatte, und mich nahm ein Schwimmwagen der SS nach *Nagykallo* mit zurück, nachdem ich vom Bataillonsarzt eine Tetanus- und eine Morphiumspritze verpaßt bekommen hatte. An einigen Stellen war die Straße vom Russen eingesehen und lag unter direktem Beschuß – lieber Gott, nur jetzt, mit einem Heimatschuß, nicht fallen, war mein einziger Gedanke. Der HV-Platz der SS in *Mariopotsch* war derart überfüllt, daß wir zum benachbarten HVP der 15. ID weitergeleitet wurden, hier erst wurde am späten Abend meine Wunde versorgt. Ein großer Granatsplitter hatte den linken Oberarm durchschlagen, ein zweiter kleinerer das linke Handgelenk. Auf einem offenen LKW wurden wir Gehfähigen zur Krankensammelstelle *Miskolcz* weitergebracht. Nachdem ich in den ersten Stunden nur geringe Schmerzen gehabt hatte, bereitete mir jetzt das Fahren auf dem unebenen Boden höllische Qualen, jeder Ruck des LKW versetzte mir einen Stich in den zerschossenen Arm. Auf dem LKW standen einige Ballons mit hochprozentigem Sliwowitz, und ich goß ihn trinkbecherweise in mich hinein, in der Hoffnung, ein wenig betäubt zu werden, aber gegen die Schmerzen half auch das wenig.

– Trotzdem hielten sich in mir die Erleichterung, der Hölle der Front entronnen zu sein, die Waage mit einem fast schlechten Gewissen, die Kameraden nun verlassen zu haben. Indes war dies ja nicht meine Entscheidung mehr gewesen. Mit Tränen in den Augen hatten sich Sepp Kramer und Rudl Fischer von mir verabschiedet, Hans Wittreich hatte ich nicht mehr gesehen. Die Kompanie war meine Heimat gewesen, im Landsknechtdasein dieser Monate und Jahre war die Bindung an die Kameraden das einzige Menschliche gewesen, was einen hochhielt, wofür man lebte, kämpfte und notfalls auch starb. Nun lag das hinter mir – aber was lag vor den anderen? Wen von den Freunden würde ich noch einmal wiedersehen, in einer späteren, glücklicheren Zeit?

– Am 1. November wurde in *Miskolcz* ein Lazarettzug zusammengestellt, in den mehrere tausend Verwundete verladen wurden. Wir getrauten uns in den weißen Betten anfangs kaum zu liegen, dreckige Frontschweine, die wir waren. Und noch gab es keine Möglichkeit, sich zu waschen und die zerschlissene Bekleidung in einen uniformähnlichen Stand zu bringen. Innerhalb von sechs Tagen gelangte der Zug über *Wien* ins Salzkammergut. Im Reservelazarett *Grundlsee* fand meine Odyssee ihr vorläufiges Ende.

– Als alter Soldat wußte ich mir zu helfen, und ich war diesmal körperlich nicht so behindert wie zwei Jahre vorher. Nach einer Woche hatte ich die Genehmigung zur Verlegung in mein Heimatlazarett erhalten. Es glückte mir, einen durchgehenden Schnellzug nach *München* zu erreichen, in dem ich zwar in quälender Enge stehen mußte – aber was machte das! In München bekam ich Anschluß, und am 15. November 1944, nachts um 2 Uhr, betrat ich den heimatlichen Bahnhofplatz. Und wieder kurz darauf stand ich vor unserer Haustüre und läutete. Ringsum starrten schwarze Ruinen in die Nacht, unser Haus war noch nicht zerstört. Nach einer Weile sah oben mein Vater unwillig ob der Störung aus dem Fenster, Licht durfte ja wegen der Verdunkelung nicht gemacht werden. Was denn los sei? Nun, nicht viel und nichts Besonderes: Der verlorene Sohn war ins Vaterhaus zurückgekehrt. Selten wurde unsere Haustüre so rasch geöffnet. Ich war daheim.

Die letzten Kriegsmonate

Die monatelange Lazarettzeit, die nun folgte, war leicht zu ertragen, denn ich konnte mich ja immer wieder zu Hause aufhalten. Es gelang mir, im Wintersemester 1944/45 an der Universität München zum Studium der Medizin zugelassen zu werden. Dabei war mein linker Arm immer noch in einem großen Gipsverband verpackt und damit fuhr ich nun täglich von Augsburg nach München und wieder zurück, wobei eine einzelne Fahrt oft 3-4 Stunden in Anspruch nahm. Langsam fahrende, unvorstellbar überfüllte Züge, fast täglich neue Bombenzerstörungen der Strecke – oft mußte man schon in Pasing aussteigen und in die Innenstadt zu Fuß gehen. Bei den tagsüber häufigen Bombenangriffen suchten wir im Leichenkeller der Anatomie Schutz, wobei man durch den Formalingestank der großen Bottiche, in denen die Leichen schwammen, fast erstickte (übrigens waren die Leichen zum Präparieren fast durchweg gehenkte oder geköpfte junge Männer, wir hatten zu zweit oder zu dritt eine ganze Leiche zum Präparieren – davon konnten und können spätere Medizinergenerationen nicht einmal mehr träumen!).

– Immer wiederholte Fliegerangriffe, Kohlen- und Nahrungsmittelknappheit, die quälende Ungewißheit dieser letzten Kriegsmonate über das Schicksal so Vieler und über den ganzen Ausgang des furchtbaren Krieges waren deprimierend. Und doch, was bedeuteten sie für mich gegenüber der Tatsache, daß ich daheim sein konnte, daß ich den Schrecken des Fronteinsatzes entronnen war! Nur der Gedanke an die Kameraden beschäftigte mich immer wieder und manchmal quälend: Was würden sie alles durchzustehen haben in diesen Monaten! Ein- oder zweimal kamen noch Grüße von draußen, die Nachrichten lauteten trostlos genug. Rudl Fischer fiel am Neujahrstag 1945, Sepp Kramer in den letzten Tagen des verendenden Krieges. Hans Wittreich wurde schwer verwundet, aber er überstand als einziger außer mir den Krieg aus dem engeren Kameradenkreis. Die Reste der Division gingen bei Kriegsende aus der Tschechoslowakei in russische Gefangenschaft.

– Im April 1945 wurde meine Vaterstadt von den Amerikanern besetzt, ohne daß größere Kampfhandlungen stattfanden. Mehr als drei Viertel der Stadt lagen ohnedies in Asche und Trümmern. Ein Kanonenofen, den meine Großeltern einst mehr als Andenken in unsere zentralgeheizte Wohnung gebracht hatten, half uns nun den letzten Kriegswinter zu überstehen; die Fenster unserer Wohnung waren mit Brettern vernagelt. Nun, da der Frühling kam, wurde alles leichter.

— Ich mußte auch nach der Kapitulation noch im Lazarett bleiben, mein Arm war noch nicht ausgeheilt. Im Juni erst war es soweit. Zu dieser Zeit wurden auch die letzten Reservelazarette aufgelöst und die Verwundeten teils in Speziallazarette für Schwerverletzte, teils in amerikanische Gefangenenlager überführt. So sah ich mich denn eines Junitages wieder einmal auf einem LKW, diesmal auf einem amerikanischen, eng zusammengepfercht mit zahllosen Schicksalsgenossen. Alte Erinnerungen erwachten angesichts unserer zerschlissenen, halbzivilen und abzeichenlosen Uniformen.

— Das Gefangenenlager *Neu-Ulm* war ein riesiges, stacheldrahtbewehrtes Areal auf freiem Feld, in dem in diesen Wochen etwa 120 000 deutsche Soldaten kampierten. Das Lager war in einzelne Blocks aufgeteilt; wie einst in Rußland hausten wir in Erdlöchern im Schutz dürftiger Zeltbahnen. Gerade in diesen Tagen wurde es noch einmal sehr kalt und regnerisch, sodaß in mehr als einer Hinsicht Erinnerungen an den Osten in uns wach wurden. Verpflegung und Behandlung waren miserabel, man war der Angehörige eines besiegten, aus Untermenschen bestehenden Volkes – nichts anderes als vor vier Jahren die Soldaten der Roten Armee in unseren Gefangenenlagern. Das Schlimmste aber war die Ungewißheit, was nun kommen würde: Entlassung nach Hause? Auslieferung – und dafür gab es genügend Beispiele – an die Franzosen, an die Russen? Würden die Sieger uns als billige Arbeitskräfte halten? Es gab keinen Anhalt für das Schicksal des einzelnen. Jeder hatte seine Papiere bei der Einlieferung ins Lager abgeben müssen, private Habseligkeiten hatten wir schon wohlweislich keine mitgenommen. Unheimliche, anonyme Instanzen entschieden nun über das eigene Schicksal. Es gab keine Berufung gegen das ausgesprochene Urteil.

— Im Gegensatz zur Front gab es hier keine Kameradschaft, jeder mißtraute jedem, jeder hätte jeden denunziert, wenn er damit das eigene Schicksal hätte aufbessern können. Man kannte den Nebenmann nicht, man wollte ihn auch nicht kennen, es gab keine Bande des Zusammengehörens, des gegenseitigen Vertrauens, des Füreinanderkämpfens. Wir lernten die Mentalität des Lagers, des Camps kennen – wie soviele der Gefangenen, die bei uns in Deutschland inhaftiert gewesen waren. Und im Innersten empfand ich es als gut und richtig, daß ich auch dies noch kennenlernen und erleben mußte.

Ernst Kern 1944 und im Frühjahr 1945

Nur durch einen Stacheldrahtzaun von unserem Block abgetrennt war neben uns, im Zentrum des Lagers, eine eigene Abteilung für hohe Offiziere eingerichtet. Mehr als 50 Generäle – man hatte ihnen im Gegensatz zu uns ihre Abzeichen gelassen – sah ich so tagtäglich aus nächster Nähe, auf wenige Meter Distanz. Männer, die noch vor kürzester Zeit die höchsten Ehren genossen, die in ihren selbstherrlichen Händen die Schicksale von Hunderttausenden gehalten hatten. Freilich war das Gold dieser Achselstücke und Kragenspiegel seines Glanzes beraubt, den es nur durch die Befehlsgewalt und den Prunk der Paraden besessen hatte; es war ein ironischer Akzent, daß man ihnen diesen Flitter gelassen hatte, dieses von Adolf Hitler verliehene Lametta, dessen Bedeutung doch mit ihm dahingegangen war.

Ganz verschieden trugen diese Männer ihr Schicksal: Manche, von der Tradition aufrecht gehalten, trugen die hochmütige Generalsmiene auch hier noch zur Schau, sie stolzierten umher, als seien ihnen immer noch Armeen untertan. Andere wirkten völlig gebrochen, mit der Macht über andere Menschen hatten sie auch die Gewalt über sich selbst verloren, und mit dem Verlust ihrer Offiziersburschen zeigten sie sich selbst ganz und gar verwahrlost. Ich hatte mir früher freilich auch nicht vorgestellt, in meinem Leben noch einmal einen seine Stiefel eigenhändig putzenden Generaloberst der deutschen Wehrmacht zu erblicken, wie dies hier geschah.

- Interessanter noch als der Anblick waren die Gespräche, die man durch den Stacheldrahtzaun ohne Schwierigkeiten mithören konnte. Fast immer drehten sich die Diskussionen um Taktik, um Strategie, um Siege, die man hätte erringen sollen und können und doch nicht errungen hatte. Und einmal schrie einer dieser großen Heerführer einen anderen General, der ihm vorhielt, daß seine Division in einer Kesselschlacht beinahe völlig aufgerieben worden sei, unbeherrscht an: «Was heißt hier Division! Ich habe in Armeen gedacht, Herr, verstehen Sie das?»

- Ja, so war es gewesen, das hatten wir oft genug zu spüren bekommen. Wie selten mochte in den Stabsbesprechungen die Vermeidung eigener Verluste, der Wert des einzelnen Mannes angeschnitten worden sein. Diesem Ausspruch war nichts hinzuzufügen. Er demaskierte, was noch nicht klar genug vor Augen lag.

- Ganz unerwartet wurden eines Morgens einige Namen aufgerufen, darunter auch der meinige. Ich betrat die Lagerbaracke, in der mir ein unfreundlicher Sergeant meine Entlassungspapiere aushändigte. Ebenso unfreundlich wurden wir auf die Ladefläche eines Truck zusammengepfercht, wir waren so viele, daß wir enggedrängt stehen mußten. In höllischer Fahrt – jetzt noch verunglücken? nach dem Kriegsende?? – brauste der farbige Fahrer über die Autobahn nach Augsburg. Der neben mir an mich gedrängt stehende Soldat war gleichfalls Gebirgsjäger, Artillerist zwar, aber es gab viele gemeinsame Erinnerungen. Wir trafen uns bald wieder und haben in den folgenden Jahren viele gemeinsame große Bergtouren gemacht. Ich kann noch heute, ein halbes Jahrhundert später, diese Autobahnstrecke Ulm–Augsburg nicht befahren, ohne an diese mörderische und doch zukunftsträchtige Fahrt zurückzudenken, die physisch vielleicht eine der gefährlichsten Situationen bedeutete, die ich im ganzen Krieg erlebte.

- Der LKW setzte uns in einem Außenviertel von Augsburg ab. Ich war ein freier Mann. Ein Mensch. Vor mir lag das Leben, nein, der erste Anfang des Lebens. Wozu? Wie lange? Aber das kümmerte mich nun nicht. Ich schritt in die blühende Sommerwelt hinein. Ich war frei, frei, frei.

Nachwort

1945, aus der Kriegsgefangenschaft zurückgekehrt, aber noch ohne die Möglichkeit weiterzustudieren, habe ich, 22jährig, auf 180 eng beschriebenen Schreibmaschinenseiten meine Kriegserlebnisse beschrieben, um die Zeit sinnvoll zu nutzen. Als Unterlage dienten mir kleine Notizbücher, in die ich Tag für Tag Eintragungen mit kurzen Ortsangaben gemacht hatte – ich besitze sie noch lückenlos – und alle meine in die Heimat geschriebenen Briefe.

– Man mag fragen, weshalb ich diese Aufzeichnungen erst jetzt, ein halbes Jahrhundert später, vorlege. Aber in den ersten Jahrzehnten nach dem Krieg war man froh, ihn und die ganze schreckliche Zeit hinter sich zu haben und man war akut mit anderen Dingen beschäftigt. Dann geriet alles mehr und mehr in Vergessenheit – und vieles verdrängte man bewußt. Wenn ich heute das damals Geschriebene lese, so bin ich erschüttert von dem, was ich erlebte – aber nicht weniger von dem «Zeitgeist», dem wir alle unterlegen waren, von der Überheblichkeit, mit der wir jungen Menschen damals den «östlichen Untermenschen» gegenübertraten. Bewußt habe ich an meiner damaligen Diktion nichts geändert; es wäre leicht, aus heutiger Sicht alles anders und besser zu sehen. Nur wer die damalige Zeit miterlebt hat, kann sie sich annähernd vorstellen. So mögen diese Seiten für Jüngere interessant sein, die so etwas – Gott sei Dank – nicht erleben mußten.

– Jeder Satz ist aus dem Original-Tagebuch, das bei mir einsehbar ist, abgeschrieben, nur wenige stilistische Korrekturen sind angebracht. Ich verbürge mich für die Wahrheit jedes einzelnen Details.

Beim Lesen des Textes fragt man sich, was aus den erwähnten Menschen geworden ist. Dazu ein paar Anmerkungen (soweit ich es weiß): Bertold Schöllhorn, unser Kompaniechef, Otto Baumann, unser trefflicher Zugführer und «Spieß», leben noch und waren im Zivilleben erfolgreich. Einige haben sich reaktivieren lassen und haben in der Bundesdeutschen Wehrmacht weitergedient: Julian v. Reichmann, heute pensionierter Oberstleutnant, Wilhelm Bredemeier, der Ritterkreuzträger, Oberst Hörl. Mit Dr. Karl Schulze, Zahnarzt von Tölz, unserem Bataillonskommandeur, hat mich eine jahrzehntelange Freundschaft verbunden, er starb vor einigen Jahren. Hanno Wohlfrom, mein engster Kamerad von 1941, wurde Bundesbahndirektor in Stuttgart, Werner Bayer, der «Packl-Bayer», Direktor einer großen Versicherungsgesellschaft, Hans Wittreich

Inhaber eines großen Farbfotolabors in München. Prinz Ludwig von Bayern, 1941 mein Rekrutenausbilder, war 1990 Schirmherr des von mir geleiteten Bayerischen Chirurgenkongresses in Würzburg – so ändern sich die Zeiten ... Fast alle Kameraden von damals sind heute, soweit sie noch leben, pensioniert. Ein halbes Jahrhundert ist eine lange Zeit ... und langsam verblaßt die Erinnerung.

Würzburg, Anfang 1991   Ernst Kern

Einige heute nicht mehr jedem verständliche Abkürzungen:

EK	Eisernes Kreuz
HKL	Hauptkampflinie
HVP	Hauptverbandplatz
ID	Infanterie-Division
kv	kriegs-verwendungsfähig
LKW	Lastkraftwagen
MG	Maschinengewehr
MP	Maschinenpistole
SMG	Schweres Maschinengewehr
UvD	Unteroffizier vom Dienst
ZKW	Zugkraftwagen (Kettenfahrzeug)

«Soldat an der Ostfront 1941–1945» von Ernst Kern wurde im Sommer 1999 als Privatdruck für Bekannte, Freunde und Kollegen von Alice Gertrud und Hans Rudolf Bosch-Gwalter als Kranich-Druck im Kranich-Verlag, CH-8702 Zollikon-Zürich herausgegeben. Gestaltung und Satz Kaspar Mühlemann. Den Druck besorgte die Wolfau-Druck Rudolf Mühlemann in Weinfelden. Bindearbeit durch die Buchbinderei Burkhardt in Mönchaltorf.

ISBN 3-906640-93-0